Achtung. Dieser Text wurde nicht gegendert. Er dekonstruiert das Gender-mainstreaming. Personen, die hierdurch sich verletzt fühlen, mögen ihn nicht lesen. Es ist keine Absicht des Autors, irgendwen zu beleidigen oder zu kränken, vielmehr bloß zum Durch-, Mit- & Nachdenken anzuregen. Die **Opferberücksichtigungsstatistik**, lt. GMGVO, finden Sie am Fuß des Index.

Lieber Herr Doktor

Ihre Verwendung meiner Theorie erwärmt mich. Immer bin ich der Meinung gewesen, daß Freiheit den Menschen überfordere und daß er fest an die Ränder sozialer Einrichtungen genommen werden müsse, um seiner Aggressions- u. Selbstvernichtungstriebe Herr zu werden.

Mit allen guten Wünschen
Ihr Freud

Stefan Blankertz | 1956 | »Wortmetz« | Lyrik & Politik *für* Toleranz und *gegen* Gewalt.

Stefan Blankertz

DERRIDA LIEST

edition g. 112

Rothbard Institut
FÜR IDEOLOGIEKRITIK

ORIGINALAUSGABE
112 edition g.
Herstellung und Verlag:
BoD – Books on Demand, Norderstedt
Copyright © 2018 Stefan Blankertz
editiongpunkt.de
Das Titelbild zeigt Vincent van Gogh,
Selbstporträt mit abgeschnittenem Ohr, 1889
(*gemeinfrei* The Yorck Project *via* Wikipedia)
Alle Rechte vorbehalten
ISBN 978-3-7481-3293-6

INHALT

für
André F. LICHTSCHLAG
& Ulrich WILLE

1
ÜBER DIE LEKTÜREN

Wie könnten meine DERRIDA-Lektüren anders als eben dekonstruktivistisch vorgehen? Es gilt, der Performativität[01] –
in DERRIDAS dekonstruktivistischer Diktion: der Gewalt-
tätigkeit – & der Intentionalität der DERRIDA'schen Denk-
und Schreibakte nachzuspüren. Die akademisch-universitär
beherrschende Frage nach *dem* Kontext tritt dagegen in den
Hintergrund. Freilich gehöre ich der Generation und dem
Kulturkreis an, wo dies Vorgehen noch »Ideologiekritik«
hieß. Dergestalt lugt zwischen meinen DERRIDA-Lektüren
überall Theodor W. ADORNO (1903-1969) hervor, gleichsam als Gespenst von Karl MARX (1818-1883).[02]
Vis-à-vis DERRIDAS Strategie der Dekonstruktion ist meine
transparenter und zugleich komplexer. Ich spüre dem nach,
wie DERRIDA einen maulradikalen Gestus kultiviert, der all-
zuoft sich in Einzelheiten und Nebensächlichkeiten verläuft,
in bloßer Rechtfertigung des Bestehenden erschöpft, das jedoch, was tonangebend zu dekonstruieren wäre, unberufen
lässt. Er traut sich nicht zu, den »Geist« der Macht selbst anzugreifen, er kapituliert vor ihm, er schont ihn dadurch, dass
er ihm zugesteht, ein alleiniges Verfügungsrecht über das
menschliche Leben zu besitzen, ausgenommen er lehnt eng
sich an seinen sanfteren, deshalb um so radikaleren Freund
Emmanuel LEVINAS (1905-1995) an.[03]

01 ▷ # 5, Annotat 1, S. 40ff ▷
02 ▷ # 6, S. 53ff ▷
03 ▷ # 3, S. 27ff ▷ Zur LEVINAS-Lektüre vgl. Cornelia MUTH und Stefan
BLANKERTZ, *Husserls Intuition und Levinas' Beitrag*, Berlin 2018 (g. 404).

Ich wiederum halte an der Ursprünglichkeit marxistischer Ideologiekritik fest, dass die sich wandelnden ökonomischen Interessen zu ergründen seien, die den Aufbau des Machtapparats bestimmen. Die Ideologie, die dieser produziert, um sein Wirken zu verschleiern, gilt es zu dekonstruieren, denn in stets neuen Verästelungen wirkt sie auf die gesamte Gesellschaft, sie legt den Schleier des Irrealen über alle Bereiche des gesellschaftlichen Lebens und drückt sich bis in die intimsten Lebensbereiche ebenso aus wie sie die Kunstproduktion steuert.[04] In der Lage der Unterdrückten, ebenso der Armen, der Kriegsinvaliden, der Hinterbliebenen wie der psychisch Verelendeten in den Wüsten des *Schlosses* und des *Prozesses* jedoch zeigt sich die Wirklichkeit, deren Dekonstruktion abermaliger Herrschaft diente.

Faszinierend an den DERRIDA-Lektüren ist sein Kalkül der De-kontextualisierung, das heißt, er befreit die Texte aus werkgeschichtlichen und andren akademisch-universitären Gefängnissen, mit denen die herrschende Rezeption sie unschädlich zu machen trachtet. Darüber vergisst er nur zu oft, die Texte zu re-kontextualisieren, das heißt, in die Spannung zwischen ideologischem Auftrag und repressiver Wirklichkeit explosiv werden zu lassen. Exemplarisch wird dies bei seiner Entschärfung der Kritik Walter BENJAMINS (1892-1940) an der Staatsgewalt & dessen Appell, ausgesprochen in einem Meer von überbordenden Exzessen der staatlichen Gewalt, vor der Suche nach einem gewaltlosen Miteinander nicht zu kapitulieren.[05]

Die Komplexität der von mir vorgeschlagenen Dekonstruktion ergibt sich daraus, dass die Gewalt des Staats in einer jegliche Denkmöglichkeiten kolonialisierenden Weise sich als ultimative Dienstleistung an der individuellen Sicherheit

04 ▷ # 5, Annotat 2, S. 47 ff ▷
05 ▷ # 7, S. 65 ff ▷

und an dem individuellen Wohlergehen darstellt. Kontrolle sei nicht mehr Repression, sondern Unterstützung der Notleidenden. Hiermit gerät Kritik an der Gewalt stets in einen Zwang, sich vor der Anklage rechtfertigen zu sollen, dass sie dem Leiden des Individuums indifferent gegenüber stünde. Wer etwa fordert, jeder möge selber entscheiden, ob er ein Restaurant aufsucht, in dem geraucht wird oder der Eigentümer das Rauchen untersagt, trägt an Millionen von Krebskranken unmittelbar Schuld. Diese Schuld gilt ideologisch überhöht als um ein vielfaches größter als die Schuld eines muslimischen Attentäters, der seine Tat bloß in der Lage sei, auszuführen, da die staatliche Kontrollgewalt ▷ »Kontrollgesellschaft«, S. 84ff ▷ nicht lückenlos genug agiert habe.

Wenn im Freundeskreis einer sich beklagt, dass er keine Wohnung finde oder die Räume, die angeboten würden, »nicht leistbar« seien, beendet der rituelle Hinweis eines Zuhörers auf die Notwendigkeit einer Mietpreisbremse die Diskussion – denn alle teilen die Überzeugung, Probleme wären durch Gewalt zu beherrschen, und zwar unabhängig davon, ob die angepriesene Maßnahme empirisch-historisch oder ökonomisch-theoretisch ihr Ziel überhaupt erreichen kann oder nicht. Der Hinweis *beendet* die Diskussion auch deshalb, weil er ein- & mitfühlsam ist. Die ideologiekritische Analyse dagegen *bräche* eine Diskussion vom Zaun, welche das Leiden rationalisiert, welche als sachlich-kalt gilt sowie welche »keine praktikable Lösung« in Petto hat.

Die von DERRIDA zwar nicht erfundene, aber doch zu einem gewissen Aufblühen getriebene Theorie der performativen Sprechakte (d. h. Sprechakte, die als Sprechakte unmittelbar wirken) erlangt Bedeutung weit über den Bereich hinaus, den DERRIDA selber für möglich hielt. Die Benennung eines Risikos wird heute identisch mit der Forderung nach einem gewaltsamen Eingriff, welcher jedoch »Gewalt« nicht genannt werden darf: Wer es wagt, ist bereits ein Außenseiter, ein Psychopath, ein Waffennarr, ein Rechtsradikaler, ein Geisteskranker. Verflossen wären solche Zeiten, in denen Emanzipation ein genuin linkes Anliegen darstellte.

Es bleibt wahr, dass Paul GOODMAN (1911-1972) die gesellschaftlichen Entwicklungen in nachgerade erschreckender Weise vorwegnehmend analysiert hatte und die praktische Konsequenz aus seiner Analyse zog: Vor jeder Veränderung in Richtung auf Emanzipation muss Psychotherapie stehen, welche die Angst vor der Autonomie reduziert; denn diese Angst ist es, die die Unterworfenen ans System kettet. Lieber sehen sie einem möglichen Krieg ins Auge, der alles Leben vernichtet, als an dem System zu rühren, das einzig Sicherheit verspricht. Doch die reale Psychotherapie steht zu den Ideen GOODMANs meistenteils wie der »reale« Sozialismus durchgängig zu MARX' Ideen: in einem absoluten Gegensatz. Von GOODMAN schweige ich auf den folgenden Seiten, weil ich genug über ihn bereits geschrieben habe, und dennoch ist er in jedem Satz präsent.

GOODMAN war freilich nicht nur Soziologe und Therapeut, sondern auch & vor allem ein Dichter. So nutze ich anders als DERRIDA und über ihn hinaus auf den folgenden Seiten die Kunst, die der Hoffärtigkeit zwar entspringt, aber als eine subversive Kraft. Dieser schmale Band »DERRIDA *liest*« sei logoradikales Dynamit.

Die Texte der folgenden Seiten sind größtenteils das erste Mal auf *eigentümlich frei online* 2018 bzw. 2017 erschienen und für das vorliegende Buch überarbeitet sowie erweitert worden.

2
IM TAUMEL ETHISCHER GEWALT

EINE DEKONSTRUKTION DER ETHIK. — Ethik scheint zunächst einmal der Gewalt zu widerstreiten, sofern das erste ethische Gebot lautet: »Du sollst nicht töten!« Es ist die ultimative Aufforderung, sich der Gewalt zu enthalten und zwar ohne jede weitere Bedingung, etwa diejenige, auch der Andre müsse hieran sich halten und wenn er es nicht täte, gelte das Gebot eben nicht. In den zehn Geboten[06] ▷ S. 26 ▷ steht das Tötungs-Verbot jedoch keineswegs an erster, vielmehr an fünfter oder sechster Stelle.[07]

Das erste Gebot[08] ist das »Fremdgötterverbot«: »Du sollst keine anderen Götter haben neben mir.« Bereits unmittelbar mit Verkündigung der zehn Gebote hat dieses zu einem krassen Verstoß gegen deren Tötungsverbot geführt, dem Massaker des JHWH-Gefolges an den Anhängern des Kults um das »Goldene Kalb«.[09] Es besteht geschichtlich kein Zweifel daran, dass der Monotheismus, so wie es Sigmund FREUD (1856-1939) in seiner bahnbrechenden Studie über den *Mann Moses und die monotheistische Religion* feststellt, zu einem Anstieg von religiöser Intoleranz

06 Ich knüpfe an dieses Beispiel als das Modell der Ethik an, da es für die »jüdisch-christliche Kultur des Abendlands«, dieser Tage immer wieder gern auch von unberufener Seite beschworen, verbindlichen und prägenden Charakter hat.

07 Je nach Zählung, ob das sogenannte Bilderverbot neben dem Fremdgötterverbot als eigens gesondertes Verbot gilt.

08 Bzw. nach jüdischer Zählung das zweite, wobei das erste die »Selbstvorstellung« Gottes und eigentlich kein Gebot enthält.

09 Zur Dekonstruktion dieses tief verstörenden Textes vgl. Stefan BLANKERTZ, *Minimalinvasiv* (2012), Berlin 2015 (edition g. 101), S. 29ff.

und von Gewalt führte.[10] Die Ethik der zehn Gebote widerspricht sich selber in der Art, in der sie über die Jahrtausende gewirkt hat. Die Wirkung ist keine Einschränkung der Gewalt, vielmehr ihre Rechtfertigung, sofern sie im Dienst der *ethischen* Seite stehe.

Die Ethik der Religion ist gesetzt; sie kommt angeblich und »gefühlt« von außen, sei von den Menschen weder gemacht noch ihrem Willen dienstbar. Alternativ hierzu entwickelt sich im antiken Griechenland die philosophische Ethik. Sie sucht nach Regeln des richtigen und guten Lebens mittels menschlicher Vernunft, logischer Argumentation und Ableitung aus vermeintlich unanfechtbaren ersten Prinzipien. Damit widerstreitet sie der religiös gesetzten ethischen Gewalt ebenso wie der willkürlichen Gewalt, die rücksichtslos, aber gewisser Weise auch ehrlich dem eigenen Interesse des Gewalttäters dient, etwa dem eines Tyrannen.

Allerdings schlug auch die philosophische Ethik gern um in die Rechtfertigung von Gewalt auf einem höheren Niveau. PLATON (428-347 v. Chr.) entwirft ein rational geplantes Gemeinwesen und rechtfertigt nahezu selbst*un*verständlich die Rationalität, Gewalt gegen solche Menschen anzuwenden, die irrational aus der Reihe tanzen. In seinem *Staat* skizziert PLATON eine Herrenklasse oder gar Rasse der Philosophen, die »von Geburt« an das »unwandelbare Sein zu erfassen vermögen« und nicht wie die Masse[11] und der Pöbel[12] »im

10 »Mit dem Glauben an einen einzigen Gott wurde wie unvermeidlich die religiöse Intoleranz geboren.« Sigmund FREUD, *Der Mann Moses und die monotheistische Religion* (1939), in: Studienausgabe, Bd. 9, S. 471. So sehr dieses Statement an der falschen Auffassung rührt, Monotheismus sei *an sich* Fortschritt, ist es doch selber falsch in der Hinsicht, dass Polytheismus *für sich* tolerant sei. Vielmehr sind es gesellschaftliche Verhältnisse, die über das *Funktionieren* des Religiösen entscheiden ▷ # 2, Annotat, S. 21 ff ▷

11 πληθος (pletos).

12 οχλο (ochlo). Beide: 494a. Drum später, bei POLYBIOS (200-118 v. Chr.), »Ochlokratie« (Pöbelherrschaft).

mannigfaltigen und wandelbaren Sein herumtappen«. Der »gerechte Charakter« dieser »von Geburt aus begabten« und an der »Grundtugend der Wahrheit« ausgerichteten »Männer«[13] ist nicht zu korrumpieren durch die ihnen verliehene unumschränkte Macht, jedenphalls solange sie aus einem Zuchtprogramm hervorgegangen sind, mit dem die rechten, *ebenbürtigen* Leute erzeugt werden. Obzwar die Verleihung von Macht ihren Charakter nicht verderben kann, reicht doch eine kleine Prise Dichtkunst aus, um sie zu »entarteten Abtrünnigen« werden zu lassen, sodass man sie davor bewahren muss, mit ihr in Berührung zu kommen.[14] Somit konstituiert er das eine jener Muster, das über Jahrtausende bis heute die Ideologie der Gewalt bestimmt: Das Gute sei bereits durch den geringsten Anblick des Bösen – in einem Schauspiel, Bild, Film – gefährdet; es müsse vor ihm geschützt werden, indem man den Urheber des Anblicks vernichtet. Hierdurch bezieht die Kunst ihre subversive Kraft. Sie kriegt sie, als vergiftetes Geschenk, von der Herrschaft verliehen. Das andere der Muster ist der Versuch, Entwicklung mit institutionalisierter Gewalt zu unterbinden und ein einmal gefundenes politisches, soziales und wirtschaftliches Gleichgewicht als Ausdruck des »unwandelbaren Seins« zu deklarieren. Die Dialektik aber lautet, dass »der Versuch, irgendein Gleichgewicht starr aufrecht zu erhalten, an sich das Gleichgewicht zerstört«.[15]

13 Jedoch: Bereits PLATON hielt Frauen in gleicher Weise für herrschaftsfähig. Emanzipation verkehrt. Im Anfang bereits. Eine *natürliche* Güte des Weiblichen ist ebenso Ideologie wie dessen dämonische Verführungskraft.
14 PLATON, *Der Staat*, Sämtliche Werke (**1940**), Heidelberg 1982, Bd. II, übersetzt 1856 v. Wilhelm Sigismund TEUFFEL resp. Wilhelm WIEGAND, vgl. S. 207, 205, 215, 210, 81, 223. Die biologisch-charakterologische Voraussetzung der »Herrn« wird im *sechsten* Buch, die Verderblichkeit der Dichtung im *dritten* Buch entwickelt.
15 Peter PHILIPPSON, *Self in Relation*, Gouldsboro 2001, S. 208. Dt. *Selbstwerdung*, Berlin 2018 (edition g. 406), S. 242.

Da war ARISTOTELES (384-322 v. Chr.) ethisch etwas milder gestimmt, jedoch auch konservativer und mithin bereit, die bestehenden Gewaltverhältnisse wie etwa die Sklaverei nicht nur zu akzeptieren, vielmehr als natürlich und rational zu verbrämen:

»Der Mensch, der seiner Natur nach nicht sich selbst, sondern einem Anderen gehört, ist von Natur ein Sklave.[16] [...] Diejenigen, die so weit voneinander verschieden sind wie die Seele vom Körper und der Mensch vom Tier [...], diese sind Sklaven von Natur, und für sie ist es [...] besser, auf die entsprechende Art regiert zu werden. [...] [Der Sklave hat] so weit an der Vernunft teil, dass er sie annimmt, aber nicht selbstständig besitzt.«[17]

Sein Zögling ALEXANDER der Große (356-326 v. Chr.) hatte auch nicht gelernt, dass es Unrecht sei, Gewalt einzusetzen, um die Interessen des Staats durchzusetzen.

Gleichwohl bleibt es ein Vermächtnis der griechisch-antiken Philosophie, dass Ethik, mithin auch die ethische Gewalt, einer Begründung bedürfe. »Ob es nun einen Menschen gibt, der von Natur derart ist oder nicht, und ob es besser und gerecht ist für einen Menschen, Sklave zu sein oder nicht, oder ob überhaupt jede Sklaverei gegen die Natur ist, dies ist nun zu untersuchen«;[18] derart leitet ARISTOTELES die Passage ein, aus der ich oben zitiert habe. Ein weiter Weg war es, bis die religiöse & die philosophische Ethik zusammenfanden, genauer gesagt bis fast tausend Jahre nach der Geburt von JESUS, da Ibn SINA[19] seinen Versuch unternahm, den Islam

---

16 ... ⲙⲏ ⲇⲩⲧⲟⲩ ⲫⲩⲥⲉⲓ ⲁⲗⲗ' ⲁⲗⲗⲟⲩ ... ⲫⲩⲥⲉⲓ ⲇⲟⲩⲗⲟⲥ ... nicht sein eigen qua Natur, sondern eines Andren ... Sklave qua Natur.

17 ARISTOTELES, *Politik*, München 1981, übersetzt 1955 v. Olof GIGON, S. 52f (1254a-1254b); selbstständig → eigenständig.

18 Ebd., S. 52.

19 AVICENNA, 980-1037. Man macht ihn, wie Peter ABÆLARD, zur Fußnote, als verdankten wir nicht *allein* diesen Helden die Aufklärung.

als Religion erst zu dekonstruieren sowie dann als rationale Philosophie zu rekonstruieren. 100 Jahre später griff Peter ABÆLARD (1079-1142) im Abendland diese Idee auf und ließ in seinem »*Dialog zwischen einem Juden, einem Christen und einem Philosophen*«[20] den Muslim als a-religiösen Philosophen agieren, welcher dem jüdischen und dem christlichen Gesprächspartner eine hohe Messlatte legte, nach der sie sich zu strecken hatten: Der Philosoph fordert »Vernunftgründe von den Predigern, die zuverlässige Instrumente der Weisheit sind« und beteuert, er würde der Autorität »nicht einfach so nachgeben, sondern deren Aussprüche mit der Vernunft überprüfen, bevor wir ihnen zustimmen«.[21]

Bei THOMAS von Aquin (1224-1274) findet dieser Versuch einer Synthese zwischen Religion und Vernunft ihren vollendeten Ausdruck. Schnell wird deutlich, dass die Kennzeichnung der Philosophie als Hilfswissenschaft (»Magd«) der Theologie[22] einer Dialektik von Herr und Knecht unterliegt.[23] Denn die Magd schreibt der Herrin vor, welche Form von Aussage sie mit welchem Recht machen dürfe. Da der Glaube eben nicht allgemein sei, sondern bloß *die* gläubig sind, welche die Gnade Gottes als Gläubige auserwählt hat, kann er gar keine allgemeine Verbindlichkeit beanspruchen. Bezogen auf die Ethik heißt dies, dass solche Gebote nicht für alle, sondern nur für die Gläubigen gelten, weil sie nicht sich durch vernünftige Argumente rechtfertigen lassen, vielmehr ihre Rechtfertigung allein aus göttlicher Offenbarung beziehen. In einem Punkte allerdings beharrt THOMAS auf

---

20 Übersetzt v. Hans-Wolfgang KRAUTZ, Frankfurt/M. 1995 *resp.* 2008; zweisprachige Ausgabe. ▷ S. 16-17 ▷

21 *Has rationes a prædicatoribus exigunt, quæ sunt certa sapentiæ instrumenta. [...] Nec eorum auctoritati ita credo, ut dicta ipsorum ratione non discutiam, antequam approbem*, ebd., S. 110 *resp.* S. 98 f.

22 *Philosophia ancilla theologiæ.*

23 Siehe das HEGEL-Zitat auf den ▷ S. 18-19 ▷

Peter ABÆLARD

IUDEX [Richter]: Du, Philosoph, der du dich zu keinem Gesetzesglauben bekennst, gibst allein Vernunftgründen statt; hierauf solltest du dir nicht allzuviel einbilden, falls es zum Schlusse so scheinen sollte, du habest bei diesem Wettbewerb obsiegt. Für den bist du nämlich mit zwei Schwertern gerüstet; den beiden Anderen, dem Juden und dem Christen, steht aber jeweils nur ein einziges zu Gebote. Du kannst gegen sie argumentieren ebenso mit der Schrift wie mit der Vernunft; sie vermögen hingegen dir, da du einem Gesetzesglauben gar nicht anhängst, mit Bezug auf das Gesetz auch nichts entgegenzuhalten; aber auch mit Vernunftgründen wird es ihnen kaum möglich sein, etwas gegen dich auszurichten, da du besser mit ihnen vertraut bist als sie und mit der umfassenderen philosophischen Grundhaltung an die Sache heran gehst. Da ihr euch zu diesem Wettstreit gleichwohl verabredet und beschlossen habt, euch von gleich zu gleich zu begegnen, und ich sehe, wie jeder Einzelne von euch auf seine Kräfte vertraut, wird es eurem Vorhaben keinen Abbruch tun, dass ich mich in der Diskussion zurückhalten werde.

▽

PHILOSOPHUS: Falls etwas offensichtlich brauchbar ist, so dürfte man nicht den Befehl des Herrn abwarten. [...] Sogar sofern du meinst, dass dir das Gesetz durch Gott gegeben worden sei, ist es dir möglich zu erkennen, dass ich nicht allein aufgrund der Autorität deines Gesetzes die Pflicht haben kann, mich dessen Last zu unterwerfen.

▽

PHILOSOPHUS: Selbst Propheten gestehen wir keinerlei Autorität zu, wenn wir das von ihnen Gesagte nicht mit der Vernunft dekonstruiert [ꝺiſautíamꝰ] haben, bevor wir ihnen zustimmen.

▽

PHILOSOPHUS: Wenn der Glaube in keiner Weise durch Vernunft zu dekonstruieren [ꝺiſautienꝺa] wäre, damit man sich nicht um dessen Verdienst bringe, und man das, was man glauben soll, nicht Kraft des Denkens dekonstruieren [ꝺiſautienꝺii] dürfte, man vielmehr dem, was gesagt ›wird‹, unmittelbar zustimmen müsste, welche Irrtümer das Gesagte auch immer säen mag, so würde es darauf gar nicht mehr ankommen, ihn zu übernehmen: man dürfte ihn ja mit Vernunft nicht prüfen, weil es nicht erlaubt ist, Vernunft einzusetzen. Nun mag ein Götzendiener von einem Stein, einem Stück Holz oder sonst einem beliebigen Geschöpf sagen, ›dies ist der wahre Gott, Schöpfer des Himmels und der Erde‹; oder es mag jemand einen offenkundigen Gräuel verkünden: Wer wäre in der Lage, ihn zu widerlegen, wenn die Vernunft bezüglich des Glaubens nichts zu dekonstruieren [*dis‾ autiendū*] habe? Gleich wird er dem, der so gegen ihn argumentiert – und am meisten dem Christen – das entgegenhalten, was die Prämisse ist: ein Glaube [der auf vernünftigen Gründen basiert] wäre nicht verdienstvoll. Seine eigene Verteidigung wird den Christen sofort in Verlegenheit bringen, wenn er aus der Vernunft schließt, dem Götzendiener dürfe in Glaubensfragen überhaupt kein Gehör geschenkt werden, da er selber es verbietet, überhaupt die Vernunft anzuführen. Wer verhindert, dass man seinen Glauben mit Vernunft angreift, der greife auch den Glauben eines Anderen nicht mit Vernunft an. […]

Und was ist mit denen, denen Autorität zugeschrieben wird? Wird nicht häufig bezüglich derer geirrt? Andernfalls gäbe es ja nicht derart viele verschiedene Glaubensrichtungen, wenn alle auf dieselbe Autorität zurückgriffen. Aber je nachdem, was ein jeder mit der eigenen Vernunft erwägt, entscheidet er sich für diejenigen Autoritäten, welchen er sich anschließt. Andernfalls müssten die Sätze aller Schriften ohne Unterschied für wahr gehalten werden, wenn nicht die Vernunft, die ursprünglich früher ist als die einem Satz

beigelegte Autorität, das Vorrecht behielte, über sie zu urteilen. Denn gerade jene, die aus nichts als ihrer Vernunft heraus geschrieben haben, von der ihre Sätze sichtlich überquellen, haben sich die Autorität, dass man ihnen unverzüglich glaubt, durch ihre Würde verdient. Insoweit aber wird auch sie betreffend das Urteil ihrer Vernunft ihrer Autorität vorgezogen.

▽

PHILOSOPHUS: Ich wundere mich, dass du neben der Vernunft, mit der du mich zu überzeugen versuchst, auch aus euren Schriften Autoritäten anführst, die mich, zweifle hieran nicht, keineswegs von meiner Meinung abbringen können.

CHRISTIANUS: Meine Absicht ist es nicht, wie du weißt, dir meine eigene Meinung aufzudrängen, sondern dir darzustellen, worin der gemeinsame Glauben der Mehrheit und die Lehre unserer Vorfahren besteht. Wenn ich also Zeugnisse der Unsrigen vortrage, beabsichtige ich damit nicht, dich von deiner Meinung abzubringen; vielmehr sollst du erkennen, woher jener Glaube stammt und dass er nicht eigens von mir erfunden wurde.

Aus:

»Dialogus inter Philosophum, Iudæum & Christianum«, 1141, in meiner eigenen Übersetzung.

Herr & Knecht

Der Herr ist das für sich seyende Bewußtseyn, aber nicht mehr nur der Begriff desselben, sondern für sich seyendes Bewußtseyn, **welches durch ein anderes Bewußtseyn mit sich vermittelt ist**, nemlich durch ein solches, **zu dessen Wesen es gehört, daß es mit selbstständigem Seyn** oder der Dingheit überhaupt synthesirt ist. Der Herr bezieht sich auf diese beyden Momente, auf ein Ding, als solches, den Gegenstand der Begierde, und auf das Bewußtseyn, dem die Dingheit das Wesentliche ist; und, indem er

a) als Begriff des Selbstbewußtseyns unmittelbare Beziehung des Fürsichseyns ist, aber

b) nunmehr zugleich als Vermittlung, oder als ein Fürsichseyn, welches nur durch ein anderes für sich ist, so bezieht er sich

a) unmittelbar auf beyde, und

b) mittelbar auf jedes durch das andere.

Der Herr bezieht sich auf den Knecht mittelbar durch das selbstständige Seyn; denn eben hieran ist der Knecht gehalten; es ist seine Kette, von der er im Kampfe nicht abstrahiren konnte, und darum sich als unselbstständig, seine Selbstständigkeit in der Dingheit zu haben, erwies. Der Herr aber ist die Macht über diß Seyn, denn er erwies im Kampfe, daß es ihm nur als ein negatives gilt; indem er die Macht darüber, diß Seyn aber die Macht über den Andern ist, so hat er in diesem Schlusse diesen andern unter sich. Ebenso bezieht sich der Herr mittelbar durch den Knecht auf das Ding; der Knecht bezieht sich, als Selbstbewußtseyn überhaupt, auf das Ding auch negativ und hebt es auf; aber es ist zugleich selbstständig für ihn, **und er kann darum durch sein Negiren nicht bis zur Vernichtung mit ihm fertig werden**, oder er bearbeitet es nur. Dem Herrn dagegen wird durch diese Vermittlung die unmittelbare Beziehung als die reine Negation desselben, oder der Genuß; was der Begierde nicht gelang, gelingt ihm, damit fertig zu werden, und im Genusse sich zu befriedigen. Der Begierde gelang diß nicht **wegen der Selbstständigkeit** des Dinges; der Herr aber, der den Knecht zwischen es und sich eingeschoben, schließt sich dadurch nur mit der Unselbstständigkeit des Dinges zusammen, und genießt es rein; **die Seite der Selbstständigkeit aber überläßt er dem Knechte**, der es bearbeitet.

▽

In diesen beiden Momenten wird für den Herrn sein Anerkanntseyn durch ein anderes Bewußtseyn; denn dieses setzt sich in ihnen als unwesentliches, einmal in der Bearbeitung des

Dings, das anderemal in der Abhängigkeit von einem bestimmten Daseyn; in beiden kann es nicht über das Seyn Meister werden und zur absoluten Negation gelangen. **Es ist also hierin diß Moment des Anerkennens vorhanden, daß das andere Bewußtseyn sich als Fürsichseyn aufhebt**, und hiemit selbst das thut, was das erste gegen es thut. Ebenso das andere Moment, daß diß Thun des Zweyten das eigne Thun des ersten ist; **denn, was der Knecht thut, ist eigentlich Thun des Herrn**; diesem ist nur das Fürsichseyn, das Wesen; er ist die reine negative Macht, der das Ding Nichts ist, und also das reine wesentliche Thun in diesem Verhältnisse; der Knecht aber ein nicht reines, sondern unwesentliches Thun. Aber zum eigentlichen Anerkennen fehlt das Moment, daß, was der Herr gegen den andern thut, er auch gegen sich selbst, und was der Knecht gegen sich, er auch gegen den andern thue. Es ist dadurch ein einseitiges und ungleiches Anerkennen entstanden.

▽

Das unwesentliche Bewußtseyn ist hierin für den Herrn der Gegenstand, welcher die Wahrheit der Gewißheit seiner selbst ausmacht. Aber es erhellt, daß dieser Gegenstand seinem Begriffe nicht entspricht, **sondern daß darin, worin der Herr sich vollbracht hat, ihm vielmehr ganz etwas anderes geworden, als ein selbstständiges Bewußtseyn**. Nicht ein solches ist für ihn, sondern vielmehr ein unselbstständiges; er also nicht des Fürsichseyns, als der Wahrheit gewiß, sondern seine Wahrheit ist vielmehr das unwesentliche Bewußtseyn, und das unwesentliche Thun desselben.

▽

Die Wahrheit des selbstständigen Bewußtseyns ist demnach das knechtische Bewußtseyn. Dieses erscheint zwar zunächst außer sich und nicht als die Wahrheit des Selbstbewußtseyn. **Aber wie die Herrschafft zeigte, daß ihr Wesen das Verkehrte dessen ist, was sie seyn will, so wird auch wohl die Knechtschafft vielmehr in ihrer Vollbringung zum Gegenteile dessen werden, was sie unmittelbar ist**; sie wird als in sich zurückgedrängtes Bewußtseyn in sich gehen, und zur wahren Selbstständigkeit sich umkehren.

Aus:

G. W. F. HEGEL, Phänomenologie des Geistes (1807), in IV. A, mit den Hervorhebungen von **mir**.

19

einem irrationalen religiösen Gebot, einem, dass heute eine solche Pein im Rahmen des Islam bereitet – das Verbot, »vom Glauben abzufallen«. Das »einmal Versprochene« dürfe auf keinen Fall & unter keinen Umständen gebrochen werden, sagt Thomas; deshalb sei es legitim, den, der vom Glauben abgefallen sei, mit Gewalt zur Einhaltung seines »Versprechens« zu zwingen. Diese Rechtfertigung gilt nach Thomas auch und gerade für Ketzer, also Personen, die sich selber als (recht-)gläubig betrachten, jedoch von der Amtskirche als solche nicht akzeptiert werden. Nachdem er bei der Frage, ob Ungläubige zum Glauben gezwungen werden dürften, es auf die andersgläubigen »Heiden« (d. h. Juden, Mohammedaner usw.) bezogen strikt verneint, meint er: »Die übrigen Ungläubigen aber haben den wahren Glauben angenommen und bekennen sich zu ihm, wie Häretiker und weitere Abtrünnige. Sie sind auch unter Zuhilfenahme von körperlicher Gewalt zu zwingen, dass sie einlösen, was sie versprochen und einst übernommen haben.«[24] Hinter der unpersönlichen Formulierung, »sie sind ... zu zwingen«,[25] versteckt sich, dass eine menschliche & fehlbare Institution ermächtigt wird, Gewalt auszuüben und somit diese Macht gegebenenfalls auch zu missbrauchen.

Von solchen Ungereimtheiten abgesehen unterliegt jener titanengleiche Versuch einer rein rationalen Rekonstruktion der (christlichen) Ethik der selben Problematik wie seine antiken griechischen Vorläufer, obwohl diese kein religiöses Erbe zu schultern hatten: Was bedeutet die Formel, dass »bloß« rational begründete Gebote allgemeinverbindlich seien?

Bedeutet sie, dass zur Durchsetzung rational begründeter Gebote Gewalt eingesetzt werden dürfe?

24 *Summa theologica*, II-II, 10-8.
25 ſunt [...] compellendi·

Eine derartige JACQUEStion klingt in unserer Tradition unbequem, da man sie irgendwie für entschieden hält und zwar mit einem entschiedenen: *Ja*. Dennoch erschreckt die Konsequenz: *Ja*, es darf Gewalt eingesetzt werden. Damit fühlt man sich nicht wohl, man gibt die Seite des Guten auf. Das Unwohlsein lässt sich aber noch verschärfen: Wie lautet die Antwort angesichts der Tatsache, dass keine Einigkeit unter Menschen hierüber herrscht, wie denn ein rationales Gebot aussehe? Das heißt, wir befinden uns somit in der gleichen Zwickmühle wie THOMAS bei der Frage nach einem Abfall vom Glauben: Wir legitimieren eine Institution, die Entscheidung über den zu fällen, der »irrational« sei und zur Rationalität gezwungen werden dürfe. Mit diesem Zwang jedoch wird der (angeblich) rationale Prozess des Denkens und Argumentierens – oder »postwortern« ausgedrückt: des Diskurses – unter- oder gar abgebrochen. Und natürlich steckt auch bereits in der Formulierung, die philosophische »Magd« *schreibe* der Theologie *vor*, welch eine Form einer Aussage sie machen *dürfe*, eine Form hoch rationalisierter, struktureller Gewalt … DERRIDA, DJ der Dekonstruktion, spricht von einem »Taumel«, »Schwindel« oder »Rausch ethischer Gewalt«.[26] Taumel und Rausch haben beide eine Verbindung zum Tanz – ebenso zur Rage, in die MOSES angesichts des Tanzes ums Goldene Kalb verfällt.

ANNOTAT

BEKEHRUNG AUF DEM SCHLACHTFELD. — König ASHOKA findet sich im Jahre 261 v. Chr. auf dem Schlachtfeld um die Hauptstadt Kalingas, Toshali, inmitten von Leichenbergen und elend Sterbenden wieder. Soeben hat er Kalinga, ein reiches und wehrhaftes Land unabhängiger Bürger mit einer

26 Jacques DERRIDA, *Adieu* (1997), München 1999, S. 52. Original klingt das so: »vertige de la violence éthique«.

konstitutionellen Monarchie, bezwungen, was weder seinem Großvater noch seinem Vater gelungen war. Die Hauptstadt galt als uneinnehmbar. Über viele Monate hatte ASHOKA sie nun belagert und ausgehungert. Als die Verteidiger schließlich einen verzweifelten Ausbruch versuchten, konnte er die entkräfteten Kämpfer in offener Feldschlacht schlagen.

Da tritt eine Frau aus Toshali vor den glänzenden Sieger und klagt ihn an, sie habe ihren Ehemann, ihren Sohn und ihren Vater verloren, wofür solle sie nun noch leben? ASHOKA, bekannt als ein ruchloser und gewalttätiger Choleriker, erinnert sich an eine Gruppe von Mönchen und Nonnen, die ihn nach einer Verwundung – in einer früheren Schlacht – gesund gepflegt hatten. Sie hingen einer kleinen, kaum bekannten und zahlenmäßig noch unbedeutenden Religion an: Sie verehrten einen gewissen BUDDHA (um 500 v. Chr.) und lehrten in seinem Geist, dass es die Aufgabe jedes Menschen sei, das Leid zu verringern, welches alles Leben begleite. Unter den Mönchen und Nonnen mögen solche sich befunden haben, welche griechischstämmig und -sprechend waren; ASHOKAS Großvater war ALEXANDER dem Großen (356-323 v. Chr.) auf dessen Indienfeldzug begegnet.

Und jetzt geschieht das Wunder. Statt seinen Sieg zu feiern und jene Anklägerin fortzustoßen oder sogar umzubringen, geht ASHOKA in sich, verzweifelt und verkündet, wie sehr ihn das Leid reue, das er über die Menschen hereinbrechen ließ. Auch wenn die buddhistischen Darstellungen seiner schrecklichen Taten übertrieben sind und er bei seinem Weg auf den Thron nicht 99, sondern nur neun Brüder ermordete, auch wenn die Zahl der Toten, die der Krieg um Kalinga gekostet hatte, nicht 200 000 betrug, was er selber meint, sondern eventuell bloß 20 000, so steht seine Bekehrung »vom SAULUS zum PAULUS« nahezu einzigartig in der Geschichte dar. An die Nachbarn des Reiches lässt ASHOKA verlautbaren, er werde nun keinen Krieg mehr führen und er wünsche sich, dass sie keine Angst vor ihm haben. Fortan widmet er sich der Predigt der Gewaltlosigkeit im Inneren wie im Äußeren und trachtet danach, den Buddhismus zu verbreiten, ▷ angeblich ohne andere Glaubensbekenntnisse ▷ herabzusetzen oder gar zu verfolgen. Für die Beilegung von innerbuddhistischen Streitigkeiten beruft er um 250 v. Chr. ein Konzil in die Hauptstadt Pataliputra (heute Patna) ein. Überall im Land verbreitet ASHOKA seine neue Lehre durch »Edikte«, auch in griechischen und in aramäischen Übersetzungen. Nach seinem Tod allerdings verfiel das riesige Reich der Maurya. Die Legende von ASHOKA aber blieb vor allem unter den Buddhisten in Sri Lanka lebendig, jedoch unter Namen, die eine Zuordnung zur indischen Geschichte schwer machten, sodass er lange Zeit als reine Legende galt. Die 𑀥-Schrift der meisten Edikte ASHOKAs kam außer Gebrauch; sie gerieten schlichtweg in Vergessenheit. Erst als man im 19. Jahrhundert mehrsprachige Edikte (& Münzen) fand, ließen sie sich entziffern. Das Studium des Lebens und Wirkens von ASHOKA (304-232 v. Chr) begann.

Die Bewertung von ASHOKA ist trotz des Wunders auf dem Schlachtfeld von Kalinga nicht einfach. H. G. WELLS (1866-1946), den deutschen Lesern eher als Pionier des Science-Fiction bekannt, pries König ASHOKA in seiner »*Outline of History*« (1920):[27] Unter all jenen, die mit Namen wie »Hoheit« oder »Majestät« hausieren gegangen seien, scheine

---

27 »Amidst the tens of thousands of names of monarchs that crowd the columns of history, their majesties and graciousnesses and serenities and royal highnesses and the like, the name of ASOKA shines, and shines, almost alone, a star.« § 25.4 *Buddhism and Asoka*. Einzigartig? Eventuell ließe sich aktueller Robert MCNAMARA (1916-2009) nennen, der als Verteidigungsminister der USA die Eskalation des Vietnamkriegs herbeiführte und dann auf dem Höhepunkt 1967 *widerrief*. Er widerrief aber im Angesicht einer diagnostizierten Niederlage, nicht eines Siegs. Das *macht* den Unterschied.

ASHOKA wie ein heller Stern bis heute. Aber natürlich lässt sich auch einwenden, dass es recht einfach sei, Frieden zu verkünden, nachdem man alle inneren Feinde besiegt und die Nachbarn in Angst und Schrecken versetzt hat. Die Reue über die Toten, welche der Feldzug gegen Kalinga gekostet hatte, veranlasste den König ASHOKA nicht, den Bewohnern von Kalinga ihre Unabhängigkeit zurückzugeben oder den zwangsweise Umgesiedelten, die ihm Widerstand geleistet hatten, die Rückkehr in die Heimat zu gestatten. Die viel gepriesene religiöse Toleranz ASHOKAS bezog sich vor allem auf den Hinduismus, dem die Mehrheit der Bevölkerung angehörte. Die Hindu-Gläubigen ganz frontal anzugreifen, wäre machtpolitisch Selbstmord gewesen. Aber eine kleine religiöse Gruppe, aus der ein Priester eine BUDDHA-Statue »in ein schlechtes Licht gestellt« haben soll, wurde dagegen vermutlich verfolgt und viele tausende Mitglieder ließ er ermorden ◁ ... angeblich ohne ... ◁

Der Buddhismus diente dem Machtpolitiker ASHOKA nach einer möglichen Interpretation als eine sein riesiges Reich einigende Ideologie, und somit hätte er überhaupt erst das Paradigma einer Staatsreligion geschaffen. Der Buddhismus wirkte, wie die anderen späteren Staats- & Weltreligionen, in zwei Richtungen. Auf der einen Seite dämmte er mittels seiner ethischen Maßstäbe die fast unbegrenzte Brutalität der Herrschaftsausübung ein, zum anderen verlieh er der Herrschaft auf diese Weise jedoch auch Legitimität durch die ihr zugeschriebene Aufgabe, die Moral zu wahren und durchzusetzen. Zugleich nutzt die Religion ihrerseits die staatliche Herrschaft, um sich zu verbreiten & interne Auseinandersetzungen zu beseitigen. Als Kaiser KONSTANTIN der Große (272-337) fünfhundert Jahre später das Christentum – ähnlich radikal pazifistisch wie der Buddhismus – zu einer Kriegsreligion umformt, wiederholt sich die Tragödie.

Die Worte »in des Kreuzes Zeichen sieg' im Krieg«[28] soll der Kaiser 312 vor seiner entscheidenden innenpolitischen Schlacht in fast aussichtsloser Position gesehen haben. Hiermit verlief seine Bekehrung, wenn sie denn stattgefunden hat,[29] gleichsam umgekehrt wie bei ASHOKA.

Solche Vorgänge lassen sich nicht mehr ideengeschichtlich erklären, sondern bloß noch soziologisch: Der Staat bedient der Religion sich als Ideologie, um sich als friedlich darzustellen; er muss hierfür aber sich gewissen durch die Moral auferlegten Beschränkungen unterwerfen. Friedrich NIETZSCHE (1844-1900) wird dies dann in »Jenseits von Gut und Böse« sowie in seiner »Genealogie der Moral« (1887) als zur Herrschaft gelangte Sklavenmoral beschreiben. Innerhalb der Entwicklungsgeschichte des Staats war ASHOKA jedoch zu früh, wie es sich darin zeigt, dass er sein Reich nicht über die eigene Lebensspanne hinaus hatte stabilisieren können. KONSTANTINS Entwurf dagegen wurde durch AMBROSIUS von Mailand (337-397), erster römischer Staatsbeamter auf einem Bischofsstuhl, sowie durch dessen »Zögling« Kaiser THEODOSIUS I. (347-395) aufgenommen und stärker ausgearbeitet;[30] bis weit über den Untergang des Reichs von Westrom wirkte der Entwurf fort im heiligen römischen Reich deutscher Nationen. Aber, ¿natürlich?, war es auch genau das Paradigma, das im Herrschaftsbereich des Islam zur Anwendung kam.

28 ϵϩ τογτω ɴικɑ (en touto nika) bzw. lateinisch IN HOC SIGNO VINCES
29 KONSTANTIN behandelt JESUS wie einen römischen Gott: als ein übermächtiges Wesen, mit dem man einen Vertrag über eine Dienstleistung abschließt. Dass er persönlich im engeren Sinne Christ geworden ist, ist kaum wahrscheinlich. Dennoch bleibt gewiss, dass er eine Entwicklung in Gang setzte, die einige Jahrzehnte später in die Einführung des Christentums als römischer Staatsreligion mündete.
30 Vgl. Stefan BLANKERTZ, Minimalinvasiv: Kritische Nachträge (2012), Berlin 2015 (edition g. 101), S. 55 ff, sowie meine literarische Aufarbeitung in Ambrosius: Callinische Hymnen (2014), Berlin 2015 (edition g. 306).

Zehen Gebot.

ICH bin der HERR dein Gott. Du solt kein ander Götter haben fur mir. Du solt dir kein Bildnis machen einicher gleichnis / weder oben im Himel / noch vnten auff Erden / noch im Wasser vnter der Erden.

2 DV solt den Namen des HERRN deines Gottes / nicht misbrauchen.

3 DEN Sabbathtag soltu halten.

4 DV solt deinen Vater vnd deine Mutter ehren.

5 DV solt nicht tödten.

6 DV solt nicht Ehebrechen.

7 DV solt nicht stelen.

8 DV solt kein falsch Zeugnis reden wider deinen Nehesten.

9 LAs dich nicht gelüsten deines Nehesten Weib.

10 DV solt nicht begeren deines Nehesten
Haus
Acker
Knecht
Magd
ochsen
esel
Noch alles was sein ist.

Nach LUTHER 1545, 5. Mose 5,6-21

Der Originaltypographie nachempfunden. Umbruch geändert. Zählung hinzugefügt. Auslassungen sind *nicht* angezeigt.

3
DERRIDA LIEST EMMANUEL LEVINAS

»DIE WAHRE ANARCHIE HAT VÄTERLICH ZU SEIN.«[31]
DAS WUNDER DER FAMILIE. — Kurz nachdem LEVINAS
1995 gestorben war, sprach sein Freund Jacques DERRIDA
auf einer Tagung zur dessen Ehren umfangreiche »*Worte des
Empfangs*« an das Publikum.[32] 1967 hatte der um 25 Jahre
jüngere DERRIDA sein eigenes philosophisches Debüt damit
gegeben, dass er die Philosophie seines väterlichen Freunds
vorstellte,[33] der gegenüber dem gleichaltrigen, jedoch über-
mächtigen Jean-Paul SARTRE (1905-1980) weitgehend zu
einer Randerscheinung geworden war, trotzdem LEVINAS in
Frankreich die Bewegungen des Existenzialismus, sogar der
Postmoderne initiiert hatte, als er während der 1930er Jahre
die Phänomenologie aus Deutschland importierte. Nun, angesichts des Tods von LEVINAS, hob DERRIDA noch einmal
an, dessen Werk zu würdigen. Er stellte es unter die Begriffe
»Empfang« und »Gastlichkeit«.
LEVINAS sah sich dazu verpflichtet, aufzubegehren gegen
die aktuelle Tendenz, alles *gleich* zu machen, jede Differenz,
jede Andersartigkeit des Andren zu negieren, sei es philosophisch, sei es wissenschaftlich, sei es durch die politische
Praxis der Verfolgung und des Verbots oder der »sanften«
Tyrannei der Maßregelung. Das Empfangen-Können bedarf

31 Jacques DERRIDA, *Adieu* (1997), [vgl. Fn. 26], S. 122.
32 Dokumentiert in: Jacques DERRIDA, *Adieu.*
33 Jacques DERRIDA, *Gewalt und Metaphysik: Essay über das Denken Emmanuel Levinas'* (1964), in: DERS., *Die Schrift und die Differenz*, Frank-
furt/M. 1976. Und im Original: *Violence et métaphysique: Essai sur la pensée
d'Emmanuel Levinas*, in: DERS., *L'écriture et la différence*, Paris 1967.

der Gastlichkeit, um das, was empfangen ward, nicht jener Gewalt der Angleichung zu unterwerfen. Es sind zwei als erstes abstrakt und bloß wenig mit dem Thema zusammenhängend erscheinende Begriffe, welche LEVINAS in seinem Hauptwerk, »*Totalität und Unendlichkeit*«,[34] 1961 benutzt, um den Gegensatz auf allen Ebenen zu fassen: Auf der einen Seite steht »*Totalität*« als Ausdruck für die Fassbarkeit des Andren, für die Gewalt, die ihm angetan wird, um ihn in die herrschende Struktur einzupassen sowie an sie anzupassen. Auf der anderen Seite steht »*Unendlichkeit*« als Ausdruck für das Unfassbare, das nicht Erfassbare: Dies ist das Wesen des Andren.

Das Empfangen und auch die Gastlichkeit als Prinzipien des Hauses deuten, wie DERRIDA aus den abstrakten Begriffen seines Freundes ein lebendiges Bild werden lässt, zunächst offensichtlich auf Weiblichkeit. Und doch endet DERRIDA seine Gesamtschau des Denkens von LEVINAS mit einem Bekenntnis zur Vaterschaft. Die »unendliche Vaterschaft«, das heißt: nicht gesellschaftlich und schon gar nicht staatlich zu bändigende Unterstützung für das Wachstum des Andren, »ist im Hinblick auf den Staat die Anarchie selbst«.[35] Der Staat konstituiert »anonyme Universalität«, d. i. eine allgemeine und totalitäre Gleichheit, die er mit Gewalt aufrecht erhält. Die Vaterschaft begehrt hiergegen in zwei Hinsichten auf: Zum einen richtet die Unterstützung, welche der Vater gewährt, nicht sich an eine anonyme Allgemeinheit, sondern an sein, bloß sein Kind. Zum anderen unterstützt der Vater sein Kind auch dann, wenn es sich von ihm unterscheidet.

---

34 Vgl. Emmanuel LEVINAS, *Totalität und Unendlichkeit: Versuch über die Exteriorität* (1961), Freiburg 1987. Und im Original: *Totalité et infini: Essai sur l'extériorité*, Den Haag 1971. Seine Habilitationsschrift.
35 Jacques DERRIDA, *Adieu*, S. 170.

Vaterschaft setzt LEVINAS, worauf DERRIDA besteht, nicht mit Männlichkeit und vor allem nicht mit den sogenannten »männlichen Tugenden« gleich, die der Staat hervorbringt und die er so sehr fördert.[36] Diese (Un-) Tugenden stehen im Dienst des Kriegs und der Gewalt, sie verlangen danach, den Andren, ja die eigenen Kinder, das eigene Fleisch und Blut zu opfern, sie verlangen diese Härte, die der Vater niemals aufbringen kann, wenn er Vater ist und nicht auf die Seite der Anonymität, der Totalität wechselt.

Mit dem weiblichen Prinzip des Empfangens, der »unendlichen«, das heißt: nicht gesellschaftlich und schon gar nicht staatlich zu bändigenden Fruchtbarkeit und der Unfassbarkeit der Vaterschaft stehen wir vor dem »Wunder der Familie«, das LEVINAS anspricht. »Die Familie bildet ihre Identität außerhalb des Staats«, zitiert DERRIDA LEVINAS.[37] DERRIDA ist jedoch kein Naivling. Er ist vertraut mit der *Psychoanalyse*. Er kennt die Kritik an der Familie. Er weiß um allklägliche familiäre Tragödien. Sein Statement ist der pure Trotz. Es sind die Kräfte der Totalität, des Staats, die aus den tatsächlichen Problemen der Familie das Vorrecht der gleichmachenden öffentlichen Gewalt ableiten und das Wunder der Familie zerstören.

Diejenigen Konservativen, die DERRIDA dafür hassen, dass er den Staat und dessen vorgebliche »Legitimation« dekonstruiert, haben allen Grund dafür. Insofern wir die Dekonstruktion des Glaubens an die gottgleiche Staatlichkeit »links« nennen wollen, war DERRIDA ein subversiver Linker. Allerdings entspricht das nicht dem gegenwärtig gültigen Sprachgebrauch. Viele von jenen, die sich »links«

36 Ebd. Vgl. auch ▷ # 8, Annotat 1, S. 81 ff ▷
37 Ebd., S. 122, S. 170. Die Leichtigkeit, mit der DERRIDA in die Emphase seines Freundes eintritt, straft seine an anderen Stellen ausgedrückte Dephallstruktion diesbezüglich als Anbiederung an den Zeitgeist lügen.

einordnen, sind zu den wütendsten Verfechtern der Staatlichkeit geworden. Sie wollen immer mehr öffentliche Gewalt einsetzen, um die privaten, familiären Räume immer
weiter einzuhegen oder ganz auszuräuchern. In diesem Sinn
ist die Philosophie von Jacques DERRIDA – und Emmanuel
LEVINAS – wider den Zeitgeist gerichtet. Ihr geht es um die
Erhaltung von Vaterschaft, Gastlichkeit sowie Wunder
der Familie. Damit eignet sie sich hervorragend, um dieses
genuin libertäre Anliegen zu befördern: *Freiwilligkeit* als die
Grundlage des Lebens wiederherzustellen.

Aber ist ein solches Ideal von Vaterschaft universell & über-
zeitlich? Man erinnert sich an Sprüche XIII,24: »Wer seiner
ruten schonet / der haſſet seinē son / Wer jn aber lieb hat / der züchtiget
ihn bald.« Wir müssen nicht statt »Rute« den fürsorglichen
Hirtenstab und statt »züchtigen« *erziehen* verstehen, um
diesen Spruch zu deuten: Erinnert sei daran, dass es sich
– zumindest bei der Ueberſetzung – um einen Text der herr-
schaftstauglichen Religion handelt. Sie *züchtigt* den Vater,
der den Sohn liebt und »schont«, rückt ihn in ein schlechtes
Licht, um ihn zu neutralisieren und um seinen Widerstand
gegen die Herrschaft zu brechen, zugleich mit dem Widerstand des Kindes. So besehen zeigt der Spruch eher an, dass
es *nicht* üblich war, sein Kind zu züchtigen. Denn offenbar
bedurfte es der Ermahnung, es gegen die innere, gleichsam
natürliche Stimme doch zu vollstrecken. Die Behauptung, in
Zeiten, als die Staatsgewalt den Alltag noch nicht so über-
bestimmte wie heute, sei der Umgang mit Kindern weniger
liebevoll gewesen, dient als Anhaltspunkt der Aussage, ohne
Eingriff der Gewalt des Staats wären Menschen unfähig, ein
annehmbares, friedliches & »moralisches« Gemeinwesen
zu organisieren. Zum Beweise zieht man die Zeugnisse einer
herrschaftlichen Formatierung des Soziallebens heran. *Quod
erat demonstrandum* ▷ Fortsetzung # 8, Annotat 1, S. 81ff ▷

4

DERRIDA ALS MURRAY ROTHBARD

DIESSEITS DER ENTWAFFNUNG. — EINE DIALEKTISCHE
»THEORIE DER GEWALT«. — Gewalt hat niemand gern.
DERRIDA allerdings war überzeugt, dass Gewalt im Menschsein verankert und deshalb nicht gänzlich zu vermeiden sei;
und zwar gründete seine Überzeugung nicht in einer bio-
logischen oder quasi-biologischen Herleitung, welche eine
Natürlichkeit der Gewaltneigung behauptet, dergegenüber
die zivilisatorische Leistung in einer Minderung der Gewalt
bestehe, vielmehr sei Sprache – im postworternen Jargon: sei
der Diskurs – »von Anfang an gewaltsam«:[38] Sprache unterscheidet, führt die »Differenz« ein, lässt unterschiedliche
und sich gegenseitig ausschließende Ideen entstehen, stört
die Harmonie oder die Kohärenz. Die Anerkennung, dass
Gewalt tief ins Menschsein eingeschrieben ist, macht es laut
DERRIDA erst möglich »die geringstmögliche Gewalt« zu
wählen.[39]
Der Text, dem ich diese Formulierungen entnehmen darf,
stammt aus dem Jahr 1967 – das war, als DERRIDA die Welt-
bühne der Philosophie mit einigen, Aufsehen erregenden
Schriften betritt. Zudem ist der Text eine erste Auseinandersetzung mit Emmanuel LEVINAS, für DERRIDA zum väterlichen Freund geworden, den er um kaum 10 Jahr überlebte.
Es ist für das Verständnis von DERRIDA äußerst wichtig zu
realisieren, dass LEVINAS der Phänomenologe und der Weg-
bereiter des »Existenzialismus« war, der nach dem zweiten

38 Jacques DERRIDA, *Gewalt und Metaphysik* (1967), [vgl. Fn. 33], S. 178.
39 Ebd., S. 197.

Weltkrieg sowie in den 1960er Jahren ausdrücklich keine linke, sozialistische Position bezog. Sein Werk hat LEVINAS dem Gedanken gewidmet, dass die Ethik aus der Tatsache abzuleiten sei, im Antlitz des Andren »Töte mich nicht!« zu lesen. Den Andren in seiner Andersheit zu akzeptieren, war für ihn der kategorische Imperativ, den er im Liberalismus und im Gedanken der Toleranz verortet hat; DERRIDA rückte LEVINAS auch gern in die Nähe der Anarchie.[40] Die Ablehnung des postmordenden Diskurses durch konservative und libertäre Kreise ist unnötig und kontraproduktiv.

Was die Gewalt-Frage angeht, findet DERRIDA bei LEVINAS eine eigenartige Dialektik[41] vor: Gewalt »abschaffen« zu wollen, hieße »die Differenz zwischen dem Selbst und dem Anderen zu unterbrechen, die Idee des Friedens zu unterbinden«. Die Idee des Friedens bestehe darin, dem Andren seine Andersheit zu lassen; zugleich aber bedeute die darin zugestandene Differenz, die Möglichkeit der Gewalt stets aufrechtzuerhalten. Dieses Zugeständnis sei, so DERRIDA, »das Gegenteil einer Kriegshetze« und »die erste Niederlage der Gewalt«.[42]

Manch einer der eher »sozialdemokratisch« – im Spektrum von den USA: »linksliberal« – orientierten Zeitgenossen, die DERRIDA bislang vornehmlich rezipiert haben, hat es bereits mit einigem Befremden vernommen, dass DERRIDAS Aufforderung, sich für die »geringstmögliche« Gewalt zu entscheiden, ein ökonomisches Kriterium namhaft macht: Verschiedene (politisch-gesellschaftliche) Handlungsmöglichkeiten implizieren unterschiedliche Niveaus von Gewalt – analog zu der ökonomischen Frage, wieviel Ressourcen eine

40 Jacques DERRIDA, *Adieu* (1997), [Fn. 26], S. 65, S. 99, S. 122 und S. 170.
41 Wobei LEVINAS als Phänomenologe selbst ausdrücklich nicht von Dialektik spricht wie der HEGELindianer DERRIDA.
42 Jacques DERRIDA, *Gewalt und Metaphysik*, S. 198 resp. S. 178.

bestimmte Handlung (zum Beispiel: die Produktion eines Gutes) benötige; ihr zufolge wird derjenige Weg, das Ziel zu erreichen, »ökonomisch« genannt, der den geringstmöglichen Ressourcenverbrauch verspricht.

DERRIDAS Frage nach »geringstmöglicher Gewalt« war es auch, die den anarchistischen Ökonomen Murray ROTHBARD (1926-1995) umtrieb. Der Staat als statische Gewalt, als Gewalt in permannenter Bereitschaft, konnte einerseits keine Antwort geben. Andererseits ging ROTHBARD nicht wie der ältere Anarchismus naiv davon aus, dass nach der Abschaffung der Herrschaft jede (private) Gewalt aufhöre. Ganz im Sinn von LEVINAS-DERRIDA argumentierte er, die Möglichkeit privater Gewaltausübung nicht anzuerkennen und darum jede Einrichtung der Gegenwehr gegen Gewalt abzulehnen, würde bedeuten, sich – in der Begrifflichkeit von DERRIDA – der »absoluten« oder »schlimmsten Gewalt« auszuliefern (*Gewalt und Metaphysik*, S. 197f).

Die Antwort, die ROTHBARD mit dem Konzept des Anarchokapitalismus gegeben hat, weist über DERRIDA hinaus: Anstelle des Staats, der permanente Gewalt institutionalisiert und sie zu einer strukturellen Gewalt macht, entstehen konkurrierende Sicherheitsagenturen: Durch ihre Konkurrenz minimieren sie die Gewalt analog zu der Minimierung des Ressourcenverbrauchs in der Konkurrenz produzierender Unternehmen. Wenn dieses Argument auch über DERRIDA hinausweist, so ist es mit dessen Philosophie weitaus besser kompatibel als mit einer »sozialdemokratischen« Staatsvergottung, in deren Kontext DERRIDA zur Zeit meistens gestellt wird. Die Aversion, mit der konservative und libertäre Kreise den Ideen DERRIDAS begegnen, verstärkt die falsche Verortung. Es steht auf der Tagesordnung, dies zu ändern.

Mafia, Parallelgesellschaften, Warlords, Stammesmentalität, was sagst Du denn dazu, hm!? Natürlich nichts, denn der Angeklagte hat kein Recht auf Widerrede, all die Toten und die Opfer des Staats, ob Shoa oder Großer Sprung nach vorn, ob Holodomor oder die Zwangsbekehrung der 𝔖𝔞𝔠𝔥𝔰𝔢𝔫, ob der Gallienfeldzug oder der Mord an den Hereros, ob Indianerausrottung oder Հայեր – alles was sonst für rituelles, aber gedankenleeres Gedenken bereit steht, zählt nichts im Angesicht des ultimativ Bösen: Anarchie & Chaos. Der Leviathan sei dem Behemoth allzeit vorgezogen. Nein, nie und nimmer:

DIE JOTHAMFABEL

»... gingen hin und machten ABIMELECH zum König bei der Eiche am Steinmal von Sichem. Als das dem JOTAM angesagt wurde, ging er hin und stellte sich auf den Gipfel des Berges Garizim, erhob seine Stimme, rief & sprach zu ihnen: ›Höret mich ... Die Bäume gingen hin, um einen König über sich zu salben, und sprachen zum Ölbaum: *Sei unser König!* Aber der Ölbaum antwortete ihnen: *Soll ich meine Fettigkeit lassen, die Götter und Menschen an mir preisen, und hingehen, über den Bäumen zu schweben?* Da sprachen die Bäume zum Feigenbaum: *Komm du und sei unser König!* Aber der Feigenbaum sprach zu ihnen: *Soll ich meine Süßigkeit und meine gute Frucht lassen und hingehen, über den Bäumen zu schweben?* Da sprachen die Bäume zum Weinstock: *Komm du und sei unser König!* Aber der Weinstock sprach zu ihnen: *Soll ich meinen Wein lassen, der Götter und Menschen fröhlich macht, und hingehen, über den Bäumen zu schweben?* Da sprachen alle Bäume zum Dornbusch: *Komm du und sei unser König!* Und der Dornbusch sprach zu den Bäumen: *Ist's wahr, dass ihr mich zum König über euch salben wollt, so kommt und bergt euch in meinem Schatten; wenn nicht, so gehe Feuer vom Dornbusch aus und verzehre die Zedern Libanons.* Habt ihr nun recht und redlich getan, dass ihr ABIMELECH zum König gemacht habt?‹« Aus: *Richter* 9,8-16 (zitiert nach LUTHER, Revision 2017).

5

UNVERFÜGBARKEIT

**»IST ALLES MACHBAR, FRAU NACHBAR?« — VON DER
SOZIALTECHNOLOGIE ZUM KONSTRUKTIVISMUS.** —
Feindbild rebellierender Jugendlicher und Studenten der sogenannten 1968er-Generation (heute mitunter pauschal als
»Kulturmarxisten« gelabelt) waren Sozialingenieure und
Sozialtechniker sowie Behavioristen – abfällig zusammen-
fassend »Sozialtechnokraten« genannt. Die Sozialtechnokraten gingen davon aus, dass eine Gesellschaft per Staat
und Dekret sich genauso planen und steuern lasse wie jede
x-beliebige Maschine, sofern mann die richtigen Parameter
berücksichtige und ein kybernetisches Modell des »Feed-
backs« zwischen Soll- und Ist-Zustand zugrunde lege. Die
Behavioristen steuerten die Vorstellung bei, der Mensch sei
ausschließlich durch Umweltreize konditioniert und könne
dementsprechend in willkürlicher Weise modelliert werden,
sofern mann die Umweltreize beherrsche sowie auf die ge-
wünschte Richtung hin optimiere.

Mit wieviel Naivität Behavioristen hierbei zu Werke gingen,
zeigt die folgende Episode. B. F. SKINNER (1904-1990), der
führende Vertreter des Behaviorismus und einer der ein-
flussreichsten Psychologen des 20. Jahrhunderts, beschrieb
in einer Fiktion über die ideale Zukunft folgende Versuchsanordnung, die dem Training der Selbstbeherrschung und
der Emotionslosigkeit von Kindern in dieser psychokratisch
optimierten Gesellschaft diene: Hungrig kehren die Kinder
nach einer kräftezehrenden Wanderung heim ... Der Tisch
ist gedeckt, auf ihm stehen die dampfenden Schüsseln. Nun

werden die Kinder angehalten, fünf Minuten zu verharren, bevor sie sich zum Essen setzen. Diese Übung, sagt der Erzähler, absolvieren die Kinder so, »als sei es eine Rechenaufgabe«;[43] ebenfalls dann die verschärfte Variante: beim Warten haben sie zu schweigen und dann wird zuerst nur einem Teil von ihnen gestattet, mit dem Essen zu beginnen, während die anderen weitere fünf Minuten warten müssen. Auf diese Weise unterbinde man das Aufkommen von Neid. Schon 1973 als Jugendlicher hat mich die Bemerkung eines Kritikers fasziniert, bloß ein Collegeprofessor könne derart naiv sein zu glauben, eine solche Versuchsanordnung werde zur Herausbildung von Selbstbeherrschung und nicht etwa zu Ressentiment oder gar offenem Widerstand führen.[44]

Niemand wäre damals auf die Idee gekommen, SKINNERS Ansatz als *links* zu bezeichnen. Das Ziel der Neuen Linken wurde in den Begriffen von individueller oder kollektiver *Selbstbestimmung*, von *Subjektivität* und von *Emanzipation* beschrieben. Weder Sozialtechnokraten noch Behavioristen sahen für »Subjektivität« und »Emanzipation« einen Platz vor. Eine populäre Schrift von SKINNER trug 1971 den Titel *»Jenseits von Freiheit und Würde«*.[45] Freiheit und Würde, beides von der Neuen Linken gern genutzte Begriffe (ob zuunrecht oder zurecht, steht auf einem anderen Blatt), befand SKINNER für antiquiert; sie vor allem stünden einer rationalen Organisation der Gesellschaft im Wege und sollten seiner Meinung nach aufgegeben werden. Natürlich war SKINNERS Ansatz auch nicht *rechts*. Traditionalisten fühlten sich ins Mark erschüttert. Der liberal-konservative Friedrich August von HAYEK (1899-1992) diagnostizierte

43 B. F. SKINNER, *Walden Two* (1948), Indianapolis 2005, S. 99.
44 Gordon Rattray TAYLOR, *Das Experiment Glück* (1972, englischer Titel *Re-think*), Frankfurt/M. 1973, S. 317. G. R. TAYLOR, 1911-1986.
45 *Beyond Freedom and Dignity*.

eine »konstruktivistische« Illusion, die Utopie einer gerechten Gesellschaft als rational durchgeplante Realität umsetzen zu können.

HAYEKs Kritik deutet bereits an, an welcher *Stelle* die Vorstellungen der »Neuen« Linken anfällig dafür waren, das ursprünglich – möglicherweise bloß scheinbar – verhasste Weltbild der Sozialtechnokraten und Behavioristen zu übernehmen: Sobald sie von der Bedingung absehen, dass die ideale Gesellschaft »selbstbestimmt« umgesetzt werden solle, und nur noch an der inhaltlich *fixierten* Beschreibung einer solchen Gesellschaft sich orientieren, wechseln sie zu einer staatlich erzwungenen konstruktivistischen Strategie: Aus der Behauptung, die Ordnung der Gesellschaft und die Persönlichkeit jedes einzelnen Menschen seien *nur* (sprachlich) »konstruiert«, wird abgeleitet, dass sie zur beliebigen Verfügung stünden und je nach »Willen« geändert werden könnten. Obwohl aus einer ganz anderen philosophischen Tradition stammend stimmt das haargenau mit der Position des früheren technokratischen Behaviorismus überein: Der Mensch sei willkürliche Verfügungsmasse.

Das Umgekehrte aber ist wahr: Auch das, was man selbst für richtig hält, wird falsch, insoweit es mit Repression durchgesetzt wird. Ein Lehrstück für die Linken etwa bildet der Roman *»Die Kraft & die Herrlichkeit«* (1940) von Graham GREENE (1904-1991).[46] Er spielt im Mexiko kurz nach der Revolution und der Institutionalisierung einer gefestigten »revolutionären« Regierung. Erzählt wird die Geschichte eines katholischen »Untergrundpriesters«, der trotz des strikten Betätigungsverbots für jegliche Kirchen praktiziert.

---

46 *The Power and the Glory.* 1947 verfilmt von John FORD (1894-1973) als *The Fugitive* (dt. *Befehl des Gewissens*). Henry FONDA (1905-1982) ist der Priester. Der Film polarisiert, denn er setzt die Entgegensetzung von Staatsgewalt *vs.* Antlitz des Leidens (Dolores DEL RÍO, 1904-1983) in Szene.

Zumindest ein Teil der Bevölkerung steht hinter ihm und versteckt ihn vor den staatlichen Verfolgern, die das Land von der repressiven (in diesem Fall: christlichen) Religion »befreien« wollen.

Die Mannschaft des Leutnants treibt die Dorfbewohner zusammen.[47] Mann fahndet nach dem illegalen Priester. Hoch zu Ross reitet der Leutnant an der Gruppe der verängstigten Dorfbewohner erregt hin & her. In scharfen Worten fordert er, das Versteck des Priesters preiszugeben. Keiner rührt sich. Der Leutnant ändert seinen Ton und bettelt um Vertrauen der Bewohner, sagt, er sei »einer von ihnen«, habe doch nur ihr Bestes im Sinn, die Kirche sei ihr Tod, er dagegen wolle, dass sie leben. Als sich immer noch niemand bereit erklärt, den Priester zu verraten, legt er eine Schlinge um den Hals eines zufällig ausgewählten Mannes. Seine Frau schreit auf. Ein weiterer Dorfbewohner tritt hervor und fleht, ihn anstelle des Andren zu töten. Warum er das tun solle, fragt der Leutnant. Der Andre habe Frau und Familie, lautet die Antwort. Der Leutnant gibt seinem Pferd die Sporen und zieht damit die Schlinge zu ... Seine Leute folgen ihm nach, wie er die Treppe zur Kirche hinauf reitet, um sie zu schänden. Die Dorfbewohner umringen den Toten.

Einige Jahre zuvor hatte die Revolution sich so weit konsolædiert oder »institutionalisiert« (Name der Revolutionspartei ab 1946: »*Partido Revolucionario Institucional*«), dass der erste unblutig an die Macht gelangte, regulär gewählte Präsident des neuen Mexikos, Plutarco Elías CALLES, 1924 an die Umsetzung des schon in der Verfassung aus dem Jahr 1917 ▷ Vorgeschichte #7, Annotat, S. 69ff ▷ formulierten revolutionären Anliegens gehen kann: Befreiung des Volks von dem Joch der katholischen Kirche. Nun handelt es sich

---

47 Szene aus dem Film *The Fugitive*, 1947; der Darsteller des Leutnants ist Pedro ARMENDÁRIZ (1912-1963). Im Film wird Mexiko nicht genannt.

allerdings um eine »Revolution von oben«, nicht mehr um ein Anliegen der Bevölkerung, vom Machtanspruch einer Institution befreit zu werden; auch die Priester übrigens sollten befreit werden, etwa durch ein Verbot des Zölibats. Die »Revolution von oben« entspricht keiner Forderung der Bevölkerung, ganz im Gegenteil. Ein wichtiger Teil der Bevölkerung erhebt sich, um die Kirche und ihr Recht auf Religionsausübung zu verteidigen. Es beginnen fünf Jahre andauernde blutige »Guerra Cristera« mit katholischen Milizen, den »Cristeros«. Sie bringen den neuen Staat an den Rand des Ruins, enden dann aber doch mit einem Kompromiss. Die »Cristeros« bezahlen ihn teuer, noch nach Ende der Kampfhandlungen richtet der Staat Tausende von ihnen hin. Der Staat der Revolution ist jetzt nach dem Motto »wer sich nicht befreien lassen will, muss ins Gras beißen« ganz und gar repressiver Obrigkeitsstaat geworden, für den das Wort »¡Libertad!« nichts weiter ist als Ideologie. Wer partout nichts aus der Geschichte lernen will, fordert heute, die unterdrückten Muslimas durch ein staatliches Kopftuchverbot zu befreien.

Der Effekt des Versuchs, das Land mittels staatlicher Gewalt von der Religion zu befreien, ist, dass die Ausübung von Religion zum Akt des Widerstands gegen den repressiven Staat wird. Darum muss gerade derjenige, der Religion strikt ablehnt, darauf bestehen, dass es Freiheit der Religion gebe, falls er seinen Standpunkt ernst meint (und nicht etwa einer ganz anderen Agenda folgt). Die gesellschaftlichen Verhältnisse sind ebenso wie die individuellen Persönlichkeiten, auch dann, wenn sie soziale Produkte sind, bis zu einem gewissen Punkte *unverfügbar*.

Nun ist die Illusion einer grenzenlosen Verfügbarkeit nicht nur auf die Linke begrenzt. Das Beispiel der mexikanischen Revolution und ihres – gescheiterten – Versuchs, Menschen durch eine obrigkeitlich verordnete »Revolution« von der Religion zu befreien, habe ich nicht zufällig gewählt. Rechte »Islamkritiker« gehen heute in genau der gleichen Weise vor, wenn sie glauben, unterdrückte muslimische Frauen ließen sich durch Verbot etwa der Verschleierung befreien oder überhaupt das Problem des Islam ließe sich mit dessen »Verbot« lösen. Ein anderes konstruktivistisches Konstrukt auf der rechten oder konservativen Seite ist das »Projekt«, das Rad der Geschichte in Bezug auf die Bedeutung und die Struktur der (bürgerlichen) Klein- und Kernfamilie zurückzudrehen und die herkömmlichen, traditionellen Formen wiederherzustellen. Auch dies ist »unverfügbar«. Was geschieht, wenn der Staat versucht, eine überkommene und überlebte »traditionelle« Lebensform wiederherzustellen, konnte man 1980 in Iran nach der islamischen Revolution beobachten: Da die traditionelle Lebensform gar nicht mehr traditionell ist, kehrt sie als eine politisierte und gewaltsame Karikatur ihrer selbst zurück.

ANNOTAT 1

»IST ES EIN JUNGE ODER EIN MÄDCHEN?« — Wenn über Gendertheorie gesprochen wird, halten die einen sie für wahr, sodass sie fordern, die gesellschaftlichen – sprich: staatlichen – Verhältnisse etwa in der Schule dieser Theorie gemäß umzuformen sowie auf eine »Zuweisung« von Zweigeschlechtlichkeit ganz zu verzichten, die Andren murmeln etwas von »Genderwahn«, aber auch ohne näher auf die Theorie und ihre Fundierung einzugehen. Sucht man nach einer Theorie zur Problematik, stößt man schnell auf Judith BUTLER. Sie sagt unter anderem, dass die Antwort auf die Frage nach der Geburt: »Ist es ein Junge oder ein Mädchen?« keine einfache Tatsachenfeststellung sei, vielmehr ein »performativer Sprechakt«.

Performative Sprechakte sind Sätze, die nicht nur etwas aussagen, sondern auch etwas bewirken. Hierzu zählen etwa Bitten, Aufforderungen, Befehle, Erpressungen, Drohungen. Die Theorie performativer Sprechakte weist darauf hin, dass vieles (wenn nicht gar alles) um uns herum mit dem zu tun hat, was und wie wir darüber sprechen.

Ein klarer Fall, in welchem ein performativer Sprechakt das überhaupt erst schafft, was er aussagt, ist ein (staatliches) Gesetz. Der Gesetzgeber, egal ob einzelner Herrscher oder demokratisches Parlament, setzt durch die Verkündigung der Regel den Tatbestand einer Aufforderung zu einer Handlung bzw. des Verbots derselben, wobei jeder Verstoß geahndet wird. Ein anderes Beispiel für einen performativen Sprechakt ist etwa die Entscheidung eines Landbesitzers, auf seinem Grundstück ein Haus zu bauen oder einen Garten anzulegen: Zuvor waren diese »Objekte« nicht vorhanden. Die zwei Beispiele zeichnen sich aus durch einen fundamentalen Unterschied, der in der weiteren Diskussion noch eine wichtige Rolle spielen wird: In den beiden Fällen handelt es sich zwar um performative Akte, im Beispiel des Gesetzes jedoch um einen, der Zwang beinhaltet, im Beispiel des Hausbaus oder der Gartenanlage um einen solchen, der freiwillig stattfindet.

Handelt es sich bei der Aussage der Hebamme: »Es ist ein Mädchen!« um einen performativen Sprechakt, wie Judith BUTLER behauptet? Die spontane Antwort wird sicherlich negativ ausfallen, denn die Hebamme entscheidet die Frage, ob es bei dem Neugeborenen sich um einen Jungen oder um ein Mädchen handelt, nicht aus Willkür, vielmehr aufgrund von Anzeichen ▷ #9, S. 100f ▷, die nicht in ihrem Belieben stehen. Dem Selbstbewusstsein nach macht sie eine Aussage über eine Tatsache und nimmt gerade keinen performativen Akt vor.

Allerdings stößt die meist ganz unbefragt ablaufende Geschlechtszuweisung dann an ihre Grenzen, wenn entweder
die äußeren Anzeichen, die die Kriterien der Entscheidung
darstellen, nicht eindeutig ausfallen oder das Kind zu einem
späteren Zeitpunkt in Konflikt mit dem ihm zugewiesenen
Geschlecht resp. der mit ihm verbundenen sozialen Rolle
gerät. Insofern enthält die Aussage: »Es ist ein Mädchen!«
über Tatsachenfeststellung hinaus auch den Aufforderungs-
charakter: »Werde ein Mädchen!« Solche Geschehnisse,
die ihrerseits Tatsachen sind, bilden den Hintergrund für
das Argument von BUTLER. Damit legt sie einen strikten
Anspruch für die Definition einer Kategorie (in diesem Fall
männlich und *weiblich*) zugrunde. Dies muss man nicht tun;
THOMAS von Aquin etwa sagt, die Definition des Wesens
der Sache richte sich danach, was üblicherweise der Fall sei,
und nicht danach, was nur ausnahmsweise vorkomme.[48]
Im Jahre 2000 schilderte John COLAPINTO den tragischen
Phall des *»Jungen, der als Mädchen aufwuchs«* – *»As Nature
Made Him: The Boy Who was Raised As a Girl«*. Es handelt
sich um einen Jungen, dessen primäres Geschlechtsorgan im
Alter von acht Monaten durch einen fatalen Behandlungs-
fehler bei der aus medizinischen Gründen vorgenommenen
Beschneidung schwer verletzt wurde. Die Ärzte rieten den
verzweifelten Eltern, das Kind als ein Mädchen aufwachsen
sowie während der Pubertät hormonell behandeln & um-
operieren zu lassen. Die Eltern wurden ebenso wie das Kind
die ganze Zeit über psychotherapeutisch begleitet. Allerdings identifizierte das Kind und dann der Erwachsene sich
niemals mit dem weiblichen Geschlecht & ließ später sich in
einen Mann zurückverwandeln. 2004 beging er Suizid.

48 ... id q̄d cõmunit̄ accidit, ⁊ non secundū id q̄d in aliq̄ casu potest
accidĕ· [in: *Summa theologica*, II-II, 154,2]. Q̄uia rectitudo naturalis in
humanis actib⁹ non est secundū ea quæ p accidens ◌tingunt in uno

In diesem Fall hatte der performative Akt der Aufforderung: *Werde ein Mädchen!* zwar durchaus (unangenehme) Folgen für das Kind, ließ letztlich aber sich durch den Widerstand des Objekts nicht verwirklichen; das Objekt ist zum Subjekt geworden. Obgleich der Fall *formal* also auf der Linie der Argumentation BUTLERs liegt, performative Sprechakte bei der Geschlechterzuweisung zu problematisieren, spricht er die *inhaltlich* ihr entgegengesetzte Sprache: Es ist eben nicht beliebig möglich, einem Kind durch einen performativen Sprechakt s|ein Geschlecht zuzuweisen. BUTLER hat sich, vor dem Suizid des unglücklichen Mannes, mit seinem Fall beschäftigt, in Verteidigung ihrer Theorie aber das schlappe Argument vorgebracht, das ihm zugewiesene Geschlecht sei durch die Umwelt nicht *lückenlos* gestützt worden. Seine Probleme erklärte sie als Reaktion auf die gesellschaftlich nicht anerkannte sexuelle Ambiguität. Falls es zur Aufrecht-erhaltung eines zugewiesenen Geschlechts der Totalität von Umweltreaktionen bedürfte, müsste jedoch jeder Tadel, ge-richtet gegen ein Mädchen, »du gebärdest dich ja wie ein Junge«, unmittelbar und »direktiv« zur Auflösung der Identität führen, was bekanntlich nicht der Fall ist. Die Ge-schlechtszuweisung ist bis zum gewissen Grade *unverfügbar*. Konstruktivist*innen werden dies nie verstehen. (Der Suizid veranlasste BUTLER nicht zu einer Änderung ihrer Haltung, wie sie kurz notierte.)[49]

Verallgemeinert lässt hierauf sich mit der Phänomenologie Edmund HUSSERLs (1859-1938) antworten. Jeder Sprech-akt hat eine »Intention« und diese Absicht richtet sich stets auf einen Gegenstand. Auch der Akt der Gesetzgebung, mit dem ich diese Diskussion eröffnet habe, verfolgt eine Ab-

---

mdᵈrᵛviduo, ſeđ ſeᵃmᵈū ea quæ tᵒtam ſpᵉᵗiem ᵒſequuᵐtᵉ̄ [in: *Summa contra gentiles*, III, 122].

49 Judith BUTLER, *Undoing Gender*, New York 2004, S. 74 (»Postscript«).

sicht: Der Gesetzgeber will »etwas« erreichen, einen Missstand beheben oder einen vermeintlichen Wert durchsetzen. Erreicht das erlassene Gesetz die Absicht nicht, ist es gescheitert. Die Wirklichkeit kann, wie es Husserl sagt, die Absicht »enttäuschen«.[50] Ohne den Missstand oder den Wert, ohne die Absicht, jenen zu überwinden und diesen zu verwirklichen, sowie ohne die Vorstellung, die Absicht mit dem Gesetz zur Wirklichkeit werden lassen zu können, käme der Akt einer Gesetzgebung nicht zustande, denn es gäbe kein Kriterium, *was* zu tun sei. Der performative Akt der Geschlechtszuweisung verfolgt unzweifelhaft auch die Absicht, die Zweigeschlechtlichkeit aufrecht zu erhalten; in diesem Sinne hat Judith Butler sicherlich Recht. Wenn er allerdings nicht ebenso die Absicht verfolgen würde, einen ▽ Fall ▽ festzustellen, würde ihm das Kriterium für die Entscheidung fehlen und er könnte als Aussage nicht zustande kommen: Er wäre dann nur möglich als gewillkürter Akt der Aufforderung unter Absehung des Neugeborenen selbst,[51] in welchem etwa ein Zufallsgenerator dem Neugeborenen sein Geschlecht zuweisen müsste.

Das Sprechen über die Wirklichkeit produziert (es »performt«) die Wirklichkeit, allerdings anders als im sprichwörtlich »luftleeren Raum«. Sofern das Sprechen nicht sich an der Wirklichkeit als dem, was, wie Ludwig Wittgenstein den *Tractatus logico-philosophicus* (**1918**) beginnt, der △ Fall △ ist, orientiert, wird es zu Gewalt. Die Gleichsetzung von »performativ« mit »erzwungen«, die Judith Butler vornimmt, ist falsch. Auch bei der Diskussion über Gendertheorie handelt es sich um performative Sprechakte. Falls sie

---

50 Vgl. hierzu Stefan Blankertz und Cornelia Muth, *Husserls Intuition und Levinas' Beitrag*, Berlin 2018 (edition g. 404), S. 61 f.

51 In *Ansehung* des Neugeborenen vgl. ▷ Abbildung S. 45 ▷ & in *Ansehung* der Mutter vgl. ▷ Abbildung S. 46 ▷

Andrea MANTEGNA, 1431-1506
Die Heilige Familie, 1495
Tempera & Öl auf Leinwand · 75,5 × 61,5 cm
Gemäldegalerie Alte Meister, Dresden
gemeinfrei *via* The Yorck Project

Andrea SOLARI, 1460-1525
genannt DEL GOBBO
Die Madonna mit dem grünen Kissen
Maria lactans, ca. 1507
59,5 × 47,5 cm · Öl auf Pappelholz
Musée du Louvre, Paris
gemeinfrei *via* The Yorck Project

an jener Gleichsetzung festhalten wollte, müsste sie zugeben, dass sie unmittelbar Gewalt ausübt. Ob die Willkür
eines einzelnen Diktators oder die einer demokratischen
Mehrheit: Es *ist* möglich, eine Sichtweise gewaltsam vor-
zuschreiben. Dies bleibt Gewalt, auch wenn es sich bei der
vorgeschriebenen Sichtweise um eine solche handelt, mit
der eine möglicherweise falsche oder hinderliche gesellschaftliche Sichtweise korrigiert werden soll. Gewaltsame
Unterdrückung z. B. unterdrückerischer Religionen befreit
niemanden.

ANNOTAT 2

FÜR EINEN NEOLIBERALEN KULTURMARXISMUS. — Der
Begriff *Kulturmarxismus* mausert sich zu einer adäquaten
rechten Antwort auf den linken Begriff des *Neoliberalismus*.
Man kann ihm bloß dieses entnehmen: dass die mit ihm bezeichnete Position oder die mit ihm bezeichnete Person ab-
gelehnt werde. Die heute mit dem Label »neoliberal« ver-
schrienen Personen stehen meist in keiner Verbindung zur
Ideenwelt der angeblichen Urheber F. A. HAYEK und Milton
FRIEDMAN (1912-2006). Auch die, die das Label als Mittel
der Diffamierung benutzen, kennen vermutlich meist kaum
mehr als die Namen dieser Urheber. Genauso »viel« haben
derzeit die als »Kulturmarxisten« stigmatisierten Personen
mit den angeblichen Urhebern Theodor W. ADORNO und
Herbert MARCUSE (1898-1979) am Hut; selbst wenn sie
deren Namen schon einmal gehört haben sollten, haben sie
vermutlich nie eine Zeile von ihnen gelesen. Die Vermutung
gilt dann auch für die, die meinen, eine Person als »Kulturmarxisten« zu kennzeichnen, reiche aus, um ihre ultimative
Asozialität bewiesen zu haben. Um ihre Kenntnis der »Urheber« steht es sicherlich schlecht.
Was nun könnte der Begriff »Kulturmarxismus« aussagen,

wenn der Bezug tatsächlich auf *Karl* und nicht auf *Kardinal* MARX verweisen soll?

1. Kultur steht nicht jenseits der Ökonomie, wie die romantisch-staatliche Verklärung es will. Solche romantisch-staatliche Verklärung behauptet, die Kultur sei un-, außer- oder über-ökonomisch. Diese Stellung der Kultur jenseits der Ökonomie erhält den Anschein von Wirklichkeit durch deren staatliche Förderung. Die Kulturschaffenden werden damit der Notwendigkeit enthoben, dass sich ihre Produkte auf dem Markt bewähren. Die Konsumenten der Kultur kriegen den Eindruck, dass die Kulturprodukte kostenlos oder jedenfalls sehr billig zu haben seien. Der marxistische Hinweis lautet hier: Auch das ist Ökonomie, politische Ökonomie. Die Vereinnahmung von Mitteln für die Kultursubventionierung (vornehmlich Geld in Form von Steuern) ist ein ökonomischer Akt von hoher politischer Bedeutung: Die Mittel müssen produktiv arbeitenden, d.h. Mehrwert schaffenden Menschen enteignet (»expropriiert«) werden. Dies ist ein Akt struktureller staatlicher Gewalt. Auch die Verteilung der vereinnahmten Mittel ist ein Politikum. Wer kriegt wie viel vom Kuchen? Mehr Geld für die Armen? Mehr Geld für die Familie? Mehr Geld fürs Militär? Mehr Geld für die Polizei? Mehr Geld für die Kultur? Fürs Theater oder für die Förderung von Nachwuchsschriftstellern? Das sind ökonomische Fragen, sind Fragen der staatlichen Ökonomie. Die Subventionen befreien aus den Fängen der vermeintlich bösen Zwänge des Marktes, aber sie verwandeln sie in die Zwänge der Fiskalpolitik. Jeder, der etwas von dem Kuchen abkriegen will, der muss sich nun nach dem monopolitischen Nachfrager richten, dem Staat. Die Unbequemlichkeit des Marktes wird verwandelt in die Abhängigkeit vom Staat, dem man zu Diensten zu sein hat und demgegenüber man sich gefügig zeigen muss.

2. Kultur ist Ausdruck der herrschenden Ordnung. Antonio GRAMSCI (1891-1937) nannte das die »Hegemonie«. Die Angepasstheit der Kultur kann sicherlich zum Teil der Gewohnheit oder gar Bequemlichkeit zugeschrieben werden, im Wesentlichen sind es jedoch zwei ineinandergreifende Mechanismen, die eine solche Angepasstheit herbeiführen: An erster Stelle steht die skizzierte ökonomische Abhängigkeit der Kulturschaffenden von der staatlichen Ökonomie. Nach der alten Plattitüde, dass man die Hand nicht ausschlägt, die einen füttert, werden Kulturschaffende Alles und Jedes kritisieren und in den Dreck ziehen, das geheiligte Prinzip des Staats allerdings schonen, Gewalt ausüben zu dürfen, um Steuern einzutreiben. Wenn sie die gegenwärtige Ausprägung des Staats kritisieren, dann meist in eben jener Hinsicht, nicht konsequent genug seine Gewalt zur Steuereintreibung auszuüben und die freien Entscheidungen der Mitmenschen nicht eng genug zu kanalisieren. Wenn sie dann erschreckt feststellen, dass ein Staat, dem sie derart weitgehende Rechte zugestehen, auch ihre ureigene Freiheit empfindlich zu beschreiben vermag, ist es sehr spät ... (... ¿zu spät? Dazu Punkt 3.) Es gibt allerdings noch einen zweiten Mechanismus, welcher die Hegemonie der herrschenden Meinungen sichert. Der Staat hat im Spätetatismus nicht nur die Kulturschaffenden, vielmehr überdies andere Menschen von sich und seiner Ökonomie tatsächlich oder scheinbar abhängig gemacht. Ihre *Nachfrage* richtet sich auf Kultur, die ihre vermeintliche »Sicherheit« innerhalb der staatlichen Ökonomie nicht stört. CAMPINO[52] von den »*Toten Hosen*« ist deshalb »links-grün versiffter Kulturmarxist«, weil er danach sich richten muss, was sein Publikum denkt. Das ist die Marktmacht des Publikums. Es läuft nicht andersherum,

---

52 Es gab mal eine Zeit, da war Punk Provokation des Bestehenden, nicht dessen Hüter.

dass das Publikum deshalb aus links-grün versifften Kulturmarxisten besteht, weil CAMPINO einer ist. Seine Haltung
verstärkt allerdings `ohnehirn` bestehende Überzeugungen
des Publikums. Wie Theodor W. ADORNO sagt: Die Kultur-
industrie `MACHT` die Leute zu dem, was sie `ohnehin` schon
sind.[53] Sie hat demnach eine bestärkende, keine ursächliche
Wirkung.

3. Gleichwohl wohnt der Kultur auch eine Art utopischer
Überschuss inne, sie erschöpft sich nicht vollständig in ihrer
Funktion als Ausdruck der Hegemonie einer herrschenden
Klasse. Indem sie die imaginative Kraft beschwört und ohne
sie nicht auskommen kann, erhält sie immer die Möglichkeit
offen, dass Dinge anders gedacht werden können. Die Realität ist nicht »alternativlos«. Wenn die staatlichen Zwänge
die Möglichkeiten zur Bewegung, zum Denken, zum Atmen
lebensbedrohlich einschränken, steht die Kultur bereit, um
sich die Freiräume vorzustellen und mit dieser Vorstellung
ihre Verwirklichung zumindest wieder möglich zu machen.
Wenn die Manager der staatlichen Systeme versagen und die
herrschende Ordnung ins Wanken gerät, steht die Kultur
bereit, um die Möglichkeiten einer anderen Ordnung auszu-
loten und im Gedankenspiel zu erkunden und zu erproben.
Der Zwang des Staats kann auch & gerade sich gegen Kulturschaffende selbst richten, denn wenn der Staat sich (wie in
allen Diktaturen, gegenwärtig jedoch etwa auch in den USA)
verunsichert fühlt, erscheint ihm der imaginative Freiraum
der Kulturschaffenden sogar dann gefährlich zu sein, wenn
sie das Prinzip des Staats selbst gar nicht bezweifeln. Und in
solchen Situationen können Kulturschaffende den Pakt mit

---

53 Theodor W. ADORNO, *Prolog zum Fernsehen* (1953); DERS., *Eingriffe:
Neun kritische Melodien*, Frankfurt / M. 1963, S. 70: »Vermutlich macht das
Fernsehen [Menschen] nochmals zu dem, was sie ohnehin sind, nur noch
mehr so, als sie es ohnehin sind.«

dem Staat aufkündigen. Schließlich bedroht jede Haushalts-krise, die eine Kürzung von Subventionen für die Kultur er-fordert, den Pakt der Kulturschaffenden mit dem Staat. Es gibt demnach durchaus Angriffspunkte in der Kultur, die sie zu einer widerständischen werden lassen können. Aber auch die Kultur des Widerstands steht nicht jenseits der Öko-nomie, sondern der Widerstand hat nur dann eine Chance, wenn er den ökonomischen Aspekt einer jeden Handlung mit bedenkt.

In diesem Sinne einer kritischen ökonomischen Analyse der Kultur, aber auch der Hoffnung auf die Möglichkeit einer Kultur des Widerstands, sage ich stolz, dass ich ein Kultur-marxist sei.

Ein Abgrund tut sich im gegenwärtigen, nahezu weltweiten Diskurs auf, der eine schlechthin gespenstische Parallelität in der linken wie rechten Ecke des politischen Spektrums zeigt: Das Recht des Einzelnen sei an seine Zugehörigkeit zu einer Gruppe gekoppelt, die einen Opferstatus für sich reklamieren könne. Für einen Ausgleich des Opfers habe der Staat zu sorgen: das wäre seine Aufgabe und um deretwillen müsse er unendlich ausgeweitet werden. Die Zugehörigkeit zu der Gruppe wird über ein Merkmal definiert, das jede weitere individuelle oder auch soziologische Zugehörigkeit überformt. Der Schwarze ist Opfer, egal ob er nun arm oder reich ist. Die Lesbe ist Opfer, egal ob sie denn eine Führungs-position inne hat oder nicht. Der Moslem ist Opfer, egal ob er Präsident eines Staats ist oder im letzten Kellerloch lebt. Der Radfahrer ist Opfer, egal ob er fährt wie ein Rowdy oder mit größer Umsicht am Straßenverkehr teilnimmt. Dies sind einige der von gegenwärtigen Linken favorisierten Opfer-gruppen. In genau der gleichen Weise ist der Deutsche für die Identitären Opfer, einerlei welchen weiteren Interessen er sonst noch nachgeht und welche Möglichkeiten zur Entfaltung er anderweitig hat. Er ist Opfer des Opferkults. Die heterosexuelle Familie ist Opfer ohne Ansehen, ob sie sich den Besuch einer Privatschule für ihre Kinder leisten kann oder nicht. In dem Diskurs geht es an keiner Stelle mehr ums souveräne, selbstbestimmte Subjekt, um dessen Entfaltungsmöglichkeiten und Verfügung über seine soziale Umwelt. Einziges Prinzip ist die biologische, sexuelle, kulturelle oder religiöse Identität, in der jeder Einzelne zu einem austauschbaren Opfer wird, zu einer Ziffer, die jederzeit durch jemand Anderes ersetzt werden kann. Keine der oft inkriminierten Stammesgesellschaften, ja, nichteinmal die überkommene Standesgesellschaft hat dergestalt sich gegen jede Form von Individualität vergangen.

Demgegenüber wäre es die Aufgabe einer Opposition, die Subjektivität des Subjekts wiederherzustellen: sie erneut auf die Tagesordnung des Kampfes zu setzen. Man mag dieses Unterfangen *kulturmarxistisch* oder *neoliberal* nennen: Hier gibt es keine Differenz zwischen heterogenen Ursprüngen der Forderung nach Selbstbestimmung. Als Daten können wir uns auf **1776** ebenso beziehen wie auf **1848**, **1917** oder **1936**. Mein eigenes Datum des Zentrums ist **1260**, das Jahr der Abfassung der »*Summa contra gentiles*«, die alles andere als eine Kampfschrift gegen die Heiden ist, das Dokument vielmehr einer Aufklärung, die unbedingte Orientierung an der Rationalität in aller Radikalität verbunden hat mit dem Projekt der Achtung *für* sowie der Toleranz *mit* dem Andersdenkenden. Um dem Tribalismus zu entkommen, der gar keine Verwurzelung in irgendeiner Stammesgesellschaft hat, sondern reines Produkt des um sich schlagenden Spätetatismus ist, bedarf es einer geistigen Anstrengung, die über jene Gräben hinweg verläuft, welche den Diskurs bis vor kurzem bestimmt haben. Denn auch die identitäre Bedrohung steht jenseits von Rechts und Links.

6
DERRIDA LIEST KARL MARX

»MARX OHNE MARX« ZUM HÜTER DES BESTEHENDEN UMDEUTEN. — Bereits der Zugang, den DERRIDA wählt, um sich dem Werk von Karl MARX anzunähern, lässt Marxisten die Wände hochgehen: »*Marx' Gespenster*«, so heißt das Buch,[54] 1993 hervorgegangen aus einer Reihe von Workshops, die DERRIDA zum Thema veranstaltet hat. Das Werk von MARX ward sicherlich in vielerlei, um nicht zu sagen: in jeder Hinsicht interpretiert, doch keiner knüpfte an den berühmten ersten Satz im »*Kommunistischen Manifest*« (1848) an: »Ein *Gespenst* geht um in Europa ...« Macht da jemand über MARX sich lustig? Wie so oft bei dekonstruktivistischen Lektüren von DERRIDA bleibt die Antwort auf diese Frage in der Schwebe.

Auf der einen Seite schwärmt DERRIDA von der *neuen Internationale* jenseits des dogmatischen Marxismus, jenseits des damals gerade zusammengebrochenen »real existierenden Sozialismus«: »ohne Verbündete, ohne Organisation, ohne Partei, ohne Nation, ohne Staat, ohne Eigentum«.[55] Das klingt stark nach Anarchokommunismus. Wobei DERRIDA den letzten Satzteil, welcher seine Vision vom Anarchokapitalismus trennt, »ohne Eigentum«, an keiner Stelle auflöst, weder warum die Befreiung »ohne Eigentum« sein

---

54 *Spectres de Marx.* Hinzuzunehmen ist seine recht anbiedernde Antwort auf eine Reihe von marxistischen Etatisten, die das Buch in einem Sammelband ihrer kritischen Lektüre unterzogen: *Marx & Sons*, 2002 (deutsch Frankfurt/M. 2004). Als ob er nicht der große Nebelwerfer wäre, gefällt er sich in der Pose, »missverstanden« worden zu sein.

55 Jacques DERRIDA, *Marx' Gespenster* (1993), Frankfurt/M. 2004, S. 49.

53

solle, noch wie sie es sein könnte.[56] MARX immerhin hatte eine präzise Angabe gemacht (die, nebenbei bemerkt, ganz mit der Theorie Ludwig von MISES' übereinstimmt), nämlich das Eigentum erübrige sich, so=weit der Kapitalismus dafür gesorgt habe, dass alle von allem genug bekommen. (Der Zusatz des real existenten Staatssozialismus, zwischen Kapitalismus und Kommunismus müss|möge eine »Phase« der Planwirtschaft für die rationale Produktion des Wohlstands sorgen, findet bei MARX sich selten bloß, um nicht zu sagen: gar nicht.) Diese Präzision geht DERRIDA ab.

Auf der anderen Seite beeilt DERRIDA sich zu versichern, dass das, was er sage (und hier wechselt er in den Pluralis Majestatis: »was wir hier sagen«), »nicht einfach anti-etatistisch« sei.[57] Darüber, wie die Vision des Lebens »ohne Staat« *nicht* anti-etatistisch aussähe, gibt er keinen Anhaltspunkt. Vor allem nicht, wie es denkmöglich wäre, dass der Staat (der nach DERRIDAS zutreffender Analyse überwacht, unterjocht, ausgehungert, versklavt, betrügt & vieles mehr), wenn er zu einem internationalen »Superstaat«[58] ausgebaut werde, *auf* einmal oder *mit* einem Male eine »heilsame« Wirkung entfaltet.

An *der* Stelle fällt DERRIDA selbst auf, dass er sich in einen Widerspruch zu MARX bringt, der den Staat als Instrument der herrschenden Klasse analysiert und die befreiende Zukunft in einem »Absterben des Staats« erblickt. Wobei die

56 Vgl. dazu Stefan BLANKERTZ, *Minimalinvasiv: Acht kritische Nachträge*, Berlin 2015 (edition g. 101), S. 125 ff. Mit dekonstruktivistischer Lektüre von Peter KROPOTKIN zeige ich, dass er in vermeintlich kommunistischer Argumentation stets Eigentum voraussetzt. Diese Lektüre ist exemplarisch und lässt sich an beliebiger kommunistischer Argumentation wiederholen. MARX wusste das: Kommunismus ist *erst* und *nur* dann möglich, wenn *alle* Bedürfnisse *jedes* Menschen befriedigt sind. KROPOTKIN war nun mal ein *Fürst*, er sah nicht recht ein, dass Güter *produziert* werden müssen ▷ S. 77 ▷
57 Jacques DERRIDA, *Marx' Gespenster*, S. 120.
58 Ebd.

Formel des »Absterbens«, also eines *langsamen* Prozesses, von Friedrich ENGELS (1820-1895) stammt und bei MARX vermisst wird. Vermutlich stand MARX dem berüchtigten »Knopf« von Murray ROTHBARD weit näher, mit dem der Staat auf einen Schlag abzuschaffen sei.[59] Dies außen vor gelassen, den staatskritischen »Diskurs« von MARX müsse man nicht »unterschreiben«, sagt DERRIDA.[60] Was an der Analyse des Staats als Ausdruck der herrschenden Hegemonie[61] (ein Begriff, den DERRIDA manches Mal durchaus gebraucht)[62] nicht stimme & inwiefern der Staat etwas anderes sein könne als eine Maschinerie zur Unterdrückung, hierzu äußert DERRIDA wiederum nichts.

Dieses Schweigen von DERRIDA ist beredt. Aus MARX die Staatskritik wie einen Geist auszutreiben, lässt ihn als blutleeres Gespenst seiner selbst zurück, das niemanden mehr erschreckt: Hiermit bereitet DERRIDA MARX so auf, dass er nahtlos in die Rechtfertigung des bestehenden Staats übergehen kann; es ist nicht mehr die Rechtfertigung des realen Sozialismus, der in der UDSSR begann und über eine gewisse Zeit ganz Osteuropa und weite Teile Asiens im Bann hielt, vielmehr der benevolente Staat, der seine Repression hinter der Fassade der Fürsorge für jeden Einzelnen verbirgt und seine Krallen vor allem den Außenseitern gegenüber zeigt.[63] Damit unterscheidet er sich kaum von überholten Staaten des realen Sozialismus, die ebenfalls nichts als das Wohl des

59 Murray ROTHBARD, *Do You Hate the State?* (1977) mises.org/library/do-you-hate-state (war da am 12. 05. 2018). Es ist ein Gedankenspiel, für ROTHBARD aber heiliger Ernst (jedenfalls bis ca. 199x oder in der Ritze).
60 Jacques DERRIDA, *Marx' Gespenster*, S. 120.
61 Begriff von GRAMSCI, der ihn affirmativ wendet: Die Opposition *solle* sich daran begeben, die eigene Hegemonie an die Stelle der augenblicklich herrschenden zu setzen. Das entwertet nicht die Möglichkeit kritischer Nutzung des Begriffs in einem anti-etatistischen Kontext.
62 Jacques DERRIDA, *Marx' Gespenster*, S. 59, S. 80.
63 Vgl. DELEUZE' Begriff der *Kontrollgesellschaft* ▷ # 8, Annotat 1, S. 84 ff ▷

Volkes im Blick hatten, aber von weniger geschickten und minder erfolgreichen Managern geleitet wurden. Mit MARX lässt sich das gut analysieren: Die herrschende Klasse der Staatsprofiteure hat dazugelernt, ist wendiger, gewitzter und effektiver geworden; das mildert hier und dort das Leben der Unterworfenen (während es an anderen Stellen auch ungemütlicher wird), ändert aber nichts an der Funktion des Staats.

Unter eben diesem Blickwinkel erhält eine weitere Passage in DERRIDAS MARX-Lektüre einen bezeichnenden Wert. Er knüpft an die unsinnigsten Wendungen von MARX an, wo dieser sich zum Propheten aufschwingt und Untergangs- oder Zusammenbruchsszenarien malt, welche, wie bekannt, allesamt nicht eingetreten sind. Wenn DERRIDA 1993 den »dysfunktionalen Zustand« in der westlichen Welt beschreibt,[64] hört das sich an wie die Endzeiterwartungen der Christen, die meinten, nun endlich sei mit Sicherheit die Zeit der Wiederkunft des Heilands gekommen. Die westliche Welt hat sich in der Zeit seit jener Prophetie DERRIDAS nun 25 Jahre weiterhin als stabil erwiesen.

Die Untergangsprophetie hat übrigens wie so viele andere früher typisch linke Erzählungen inzwischen die Seite gewechselt. Von »Dysfunktionalität« & »Zusammenbruch« fabulieren heute die Wut- und besorgten Bürger, oder ihre politischen Sprachrohre, etwa wenn sie Geburtenrückgang auf der einen und Einwanderung aus Teilen der Erde auf der anderen Seite beklagen und erwarten, dass dies die bisherige heilige Ordnung durcheinander bringen würde.

In Wirklichkeit ist es nicht die Dysfunktionalität und sind es nicht die Krisen des Staats, die marxistisch gesehen zu beklagen wären, sondern gerade das allzu glatte und reibungslose Funktionieren des Unterdrückungssystems. Die Krisen

64 Jacques DERRIDA, *Marx' Gespenster*, S. 112.

mögen die Lücken im System sein, die Ansatzpunkte bieten, um es zu verändern, dem System aber ist nicht vorzuwerfen, dass es nicht funktioniere, vielmehr dass es weiterhin viel zu gut funktioniert. Je besser es funktioniert, um so weniger Möglichkeiten haben Opposition & Widerstand, sich gegen die Übermacht des Faktischen zur Wehr zu setzen.

So stark die MARX-Lektüre von DERRIDA mich auch enttäuscht hat, so gut eignet sie sich doch dazu, die Ohren zu spitzen: nicht für den wahren MARX und seine Gespenster, sondern für den Charakter des Schutzes des Systems vor Kritik durch die Intellektuellen, die sich im Gestus noch kritisch dünken, längst aber zu Sachwaltern der Konformität geworden sind. Immerhin lässt DERRIDA sich durch das MARX'sche Bild des Gespenstes an Max STIRNER (1806-1856) erinnern, jenen STIRNER, den MARX so gehasst hat, der uns jedoch vor Augen führt, dass wir unser Leben nicht Begriffen unterstellen sollen, die allzu schnell sich zu einem »Spuk« verdichten, der über uns herrscht. Die Ironie, mit welcher MARX STIRNER behandele, so liest es DERRIDA, sei wie ein »Bumerang« für MARX, denn erschreckt müsse der zugeben, wie einig sie sich »über das Wesentliche« seien: »Man muss mit dem Spuk fertig werden, es gilt, mit ihm Schluss zu machen.«[65] STIRNER-MARX-MISES in einer! Front, das wäre eine wahre Dekonstruktion, nämlich die DekonstrACTION des Bruchs in der Opposition, der sie unwirksam macht.

ANNOTAT

WAS IST VULGÄRÖKONOMIE? — MARX hatte bekanntlich die Marotte, solche Ökonomen, die er nicht leiden konnte, als »Vulgärökonomen« abzuqualifizieren. Was allerdings bedeutet »Vulgärökonomie«, wenn es mehr bedeuten soll

65 Ebd., S. 192, S. 181.

Ich hab' Mein' Sach'
auf Nichts gestellt

Was soll nicht alles Meine Sache sein! Vor allem die gute Sache, dann die Sache Gottes, die Sache der Menschheit, der Wahrheit, der Freiheit, der Humanität, der Gerechtigkeit; ferner die Sache Meines Volkes, Meines Fürsten, Meines Vaterlandes; endlich gar die Sache des Geistes und tausend andere Sachen. Nur Meine Sache soll niemals Meine Sache sein. »Pfui über den Egoisten, der nur an sich denkt!«

Sehen Wir denn zu, wie diejenigen es mit ihrer Sache machen, für deren Sache Wir arbeiten, Uns hingeben und begeistern sollen.

Ihr wißt von Gott viel Gründliches zu verkünden und habt Jahrtausende lang »die Tiefen der Gottheit erforscht« und ihr ins Herz geschaut, so daß Ihr Uns wohl sagen könnt, wie Gott die »Sache Gottes«, der Wir zu dienen berufen sind, selber betreibt. Und Ihr verhehlt es auch nicht, das Treiben des Herrn. Was ist nun seine Sache? Hat er, wie es Uns zugemuthet wird, eine fremde Sache, hat er die Sache der Wahrheit, der Liebe zur seinigen gemacht? Euch empört dieß Mißverständniß und Ihr belehrt Uns, daß Gottes Sache allerdings die Sache der Wahrheit und Liebe sei, daß aber diese Sache keine ihm fremde genannt

werden könne, weil Gott ja selbst die Wahrheit und Liebe sei; Euch empört die Annahme, daß Gott Uns armen Würmern gleichen könnte, indem er eine fremde Sache als eigene beförderte. »Gott sollte der Sache der Wahrheit sich annehmen, wenn er nicht selbst die Wahrheit wäre?« Er sorgt nur für seine Sache, aber weil er Alles in Allem ist, darum ist auch alles seine Sache; Wir aber, Wir sind nicht Alles in Allem, und unsere Sache ist gar klein und verächtlich; darum müssen Wir einer »höheren Sache dienen«. – Nun, es ist klar, Gott bekümmert sich nur um's Seine, beschäftigt sich nur mit sich, denkt nur an sich und hat sich im Auge; wehe Allem, was ihm nicht wohlgefällig ist. Er dient keinem Höheren und befriedigt nur sich. Seine Sache ist eine – rein egoistische Sache.

Wie steht es mit der Menschheit, deren Sache Wir zur unsrigen machen sollen? Ist ihre Sache etwa die eines Andern und dient die Menschheit einer höheren Sache? Nein, die Menschheit sieht nur auf sich, die Menschheit will nur die Menschheit fördern, die Menschheit ist sich selber ihre Sache. Damit sie sich entwickle, läßt sie Völker und Individuen in ihrem Dienste sich abquälen, und wenn diese geleistet haben, was die Menschheit braucht, dann werden sie von ihr aus Dankbarkeit auf den Mist der

Geschichte geworfen. Ist die Sache der Menschheit nicht eine – rein egoistische Sache? […]
Sie stehen sich alle ausnehmend gut dabei, wenn ihnen pflichteifrigst gehuldigt wird. Betrachtet einmal das Volk, das von ergebenen Patrioten geschützt wird. Die Patrioten fallen im blutigen Kampfe oder im Kampfe mit Hunger und Noth; was fragt das Volk darnach? Das Volk wird durch den Dünger ihrer Leichen ein »blühendes Volk«! Die Individuen sind »für die große Sache des Volkes« gestorben, und das Volk schickt ihnen einige Worte des Dankes nach und – hat den Profit davon. Das nenn' Ich Mir einen einträglichen Egoismus. […]
Und an diesen glänzenden Beispielen wollt Ihr nicht lernen, daß der Egoist am besten fährt? Ich Meinestheils nehme Mir eine Lehre daran und will, statt jenen großen Egoisten ferner uneigennützig zu dienen, lieber selber der Egoist sein.
Gott und die Menschheit haben ihre Sache auf Nichts gestellt, auf nichts als auf Sich. Stelle Ich denn meine Sache gleichfalls auf Mich, der Ich so gut wie Gott das Nichts von allem Andern, der Ich mein Alles, der Ich der Einzige bin.
Hat Gott, hat die Menschheit, wie Ihr versichert, Gehalt genug in sich, um sich Alles in Allem zu sein: so spüre Ich, daß es Mir

noch weit weniger daran fehlen wird, und daß Ich über meine »Leerheit« keine Klage zu führen haben werde. Ich bin [nicht] Nichts im Sinne der Leerheit, sondern das schöpferische Nichts, das Nichts, aus welchem Ich selbst als Schöpfer Alles schaffe.
Fort denn mit jeder Sache, die nicht ganz und gar Meine Sache ist! Ihr meint, Meine Sache müsse wenigstens die »gute Sache« sein? Was gut, was böse! Ich bin ja selber Meine Sache, und Ich bin weder gut noch böse. Beides hat für Mich keinen Sinn.
Das Göttliche ist Gottes Sache, das Menschliche Sache »des Menschen«. Meine Sache ist weder das Göttliche noch das Menschliche, ist nicht das Wahre, Gute, Rechte, Freie usw., sondern allein das Meinige, und sie ist keine allgemeine, sondern ist – einzig, wie Ich einzig bin.
Mir geht nichts über Mich!

Aus:
Max Stirner, Der Einzige & sein Eigenthum (1845).

Max Stirner ca. 1842, Karikatur von Friedrich Engels.

59

als eine Beleidigung? Bei dem sonst nicht mit ökonomischen Weisheiten in Erscheinung getretenen »Kulturmarxisten« Theodor W. ADORNO habe ich folgende höchst bemerkenswerte Definition aus dem Jahr 1956 gefunden: Das »vulgärökonomische Denken« zeichne sich dadurch aus, dass es »den Wert den Waren an sich zuschreibt, anstatt ihn als ein gesellschaftliches Verhältnis zu bestimmen«.[66]

Allgemein (das ist die ursprüngliche Bedeutung von »vulgär«) fragt man sich tatsächlich, ob der Preis einer Ware »angemessen« sei oder ob sie das Geld »wert« sei. Damit erscheint es so, als gebe es einen objektiven Wert einer Ware. Was jedoch könnte der Wert einer Ware (unabhängig von ihrem Preis) sein? Die Antwort vieler Philosophen und Ökonomen bis heute lautet schlicht: Addiere man die Preise für all die Elemente, aus denen eine Ware zusammengesetzt ist, erhalte man den »gerechten« Preis. Wer mehr verlangt, sei ein »Wucherer« oder »Betrüger«. (Deshalb gibt es bis zum heutigen Tage die Besessenheit der Standard-Ökonomen von »Markttransparenz«: Wenn der Markt »transparent« sei – alle Marktteilnehmer kennen alle Faktorenpreise –, könne kein »Betrug« und »Wucher« entstehen.)

Allerdings bereits bei der Frage, wieviel etwa die Leistung eines Händlers »wert« sei, eine Ware »an den Mann zu bringen«, zeigt, dass die Sache vertrackt wird. Sicherlich sieht fast jeder ein, auch der Händler müsse von etwas leben. Aber er fügt der Ware nichts hinzu. Außerdem: Wie hoch darf der Lohn des Händlers sein? Adam SMITH (1723-1790) und nach ihm David RICARDO (1772-1823) sahen das Problem wohl und hatten die zunächst genial erscheinende und bis heute weit verbreitete Idee, dass es letztlich die »in« der Ware verkörperte Arbeitszeit sei, die ihren Wert ausmache.

---

66 Theodor W. ADORNO, *Zur Metakritik der Erkenntnistheorie* (1956; verfasst 1934-37), Frankfurt/M. 1970, S. 72.

Damit haben wir einen (scheinbar) objektiven Maßstab für den Wert einer Ware, der nicht bereits selber ein Preis ist. Nun aber ergab sich das Problem, wie Arbeitszeit zu einem Preis umgeformt werde. RICARDO ging über SMITH hinaus und statuierte, die Arbeit müsse einen solchen Preis erzielen, dass der Arbeiter damit genügend Waren erwerben könne, um sich – und seine Familie – zu ernähren. Zusätzlich fügte RICARDO hinzu, dass eine Ware, um einen Wert zu haben, auch nützlich sein müsse, denn für etwas, das keinen »Gebrauchswert« habe, würde niemand auch nur einen Heller ausgeben, egal wie viel Arbeit dieses Etwas verzehrte.

Das war der Stand der Diskussion, als Karl MARX die Bühne betrat. Und er wunderte sich, denn einige Ungereimtheiten stießen ihm auf. So entsprechen die Preise der Waren nicht den durch sie erheischten Arbeitszeiten, ja ein & der gleiche Warentypus beansprucht unterschiedliche Arbeitszeiten, je nachdem, unter welchen Bedingungen er produziert wird, erzielt aber trotzdem denselben Preis; andere Warentypen wurden zwar mit den gleichen Arbeitszeiten produziert, erzielen jedoch an verschiedenen Orten und zu verschiedenen Zeiten unterschiedliche Preise. Die Arbeit des Einen erzielt einen höheren Stundenlohn als die des Andren. Der Landarbeiter verdient weniger als der Industriearbeiter. Das eine Handwerk kann mehr für seine Produkte verlangen als das andere. Eine »allgemeine, sich gleiche Arbeitszeit« gebe es nicht, schreibt MARX, die Arbeit sei »nicht nur quantitativ, sondern qualitativ bestimmt und verschieden«.[67] Die Löhne steigen über den unmittelbaren Lebensbedarf. Und dann der Gebrauchswert! Jeder wird zugeben, dass das sprichwörtliche »Wasser und Brot« grundlegend zur Erhaltung eines Menschen ist, Luxuswaren erzielen jedoch weit höhere

---

67 Karl MARX, *Die Grundrisse der Kritik der politischen Ökonomie* (1858), MEW 42, S. 103.

Preise. Was in der einen Region, dem einen Land als »hinreichend« zum Leben gilt, gilt in einer anderen Region, in einem anderen Land als *erbärmlich* oder gar *unzumutbar.*

Wenn die Arbeitswertlehre heute als spezifisch marxistisch gilt, beruht dies auf einem Missverständnis, das Marxisten leider zu gern aufnehmen und selber weiterverbreiten. Wer zwischen den Zeilen zu lesen versteht, erkennt, wieviel Pein MARX die Arbeitswertlehre bereitet hat. Er stellte vielerlei vertrackte Betrachtungen an, um die Theorie seines ökonomischen Fixpunktes, nämlich David RICARDO, zu retten, kam jedoch nicht wirklich weiter. Das ist der Hauptgrund, warum er das »*Kapital*« nicht fertigzustellen wusste.

MARX identifizierte eine Reihe von Einflüssen auf den Preis, zu einer geschlossenen Theorie gelangte er aber nicht, auch nicht zu einer genauen Bestimmung des Preises »aus dem gesellschaftlichen Verhältnis«, wie es ADORNO '56 fordert. Es ist für MARX klar, dass nicht die Ware »an sich« einen Wert hat, und sei's die in ihr vergegenständlichte Arbeitszeit. Wenn etwa eine neue Technik die Produktion eines Warentyps mit weniger Arbeit ermöglicht, behalten die noch mit der veralteten Technik schon produzierten Waren eben nicht ihren Preis, sondern er sinkt auf den Preis der mit der neuen Technik produzierten Waren.

Schließlich gelingt der »Österreichischen Schule der Ökonomie« die durch MARX vorbereitete, noch nicht vollendet ausformulierte Antwort auf die Frage der Preisentstehung; allen voran Ludwig von MISES (wobei, wie Murray ROTHBARD hatte nachweisen können,[68] bereits in der Ökonomie

---

68 Murray ROTHBARD, *An Austrian Perspective on The History of Economic Thought* (1995), zwei Bände (ein dritter war geplant; es existieren davon jedoch nur einige Audiotapes), Auburn 2006. Und DERS., *New Light on the Prehistory of the Austrian School,* in: *The Foundations of Modern Austrian Economics,* hg. von Edwin DOLAN, Kansas City 1976. ROTHBARD versteht es wie MARX, große Einsichten hinter allzuviel Polemik zu verstecken.

einiger Spätscholastiker eine ähnliche, also Adam SMITH bei weitem überflügelnde Preistheorie inbegriffen war). Die Antwort basiert darauf, dass innerhalb eines Wirtschaftsraums eine bestimmte Nachfrage auf ein bestimmtes Angebot stößt; am Kreuzungspunkt entsteht der Preis. Diese »Grenznutzentheorie« wird auch »subjektive Wertlehre« genannt; der Begriff »subjektiv« verschleiert den gesellschaftlichen Charakter der Wertlehre der Österreichischen Schule. Denn zum Beispiel ein Buch, etwa *»Human Action«* von Ludwig von MISES, könnte mir viel mehr »wert« sein, als ich ausgeben muss, wenn ich es bei Amazon bestelle – ich wäre zwar bereit, mehr zu zahlen, aber »natürlich« zahle ich nicht mehr, als verlangt wird. Diese Differenz ergibt sich ausschließlich durch die Verwobenheit mit anderen Mitgliedern der Gesellschaft, die das Buch produzieren und es nachfragen: Der Preis ist weder etwas, das dem Buch »objektiv« anhaftet (etwa durch die Arbeitszeit, die es brauchte, um es zu produzieren, oder durch die Summierung aller in es eingeflossenen »Faktoren«), noch etwas, das allein *meiner* Wertschätzung entspringt, sondern er wird »als ein gesellschaftliches Verhältnis bestimmt«.

Indem der Marxist ADORNO es so formuliert, weist er, vielleicht wider Willen (oder wenigstens ohne Wissen), über MARX hinaus auf MISES, welcher die Antwort hatte für die Verwirrungen und Fragen von MARX. Oder anders gesagt: Wenn MARX nicht jenem Verdikt ADORNOs unterliegen soll, ein Vulgär-Ökonom zu sein, muss seine Theorie in die von MISES hinein verlängert werden, so wie MISES vor dem Selbstmissverständnis gerettet werden muss, seine Theorie könne einer Kategorie des Sozialen entbehren. Hier finden wir sie vor: die Einheit von MARX und MISES, von Theorie und Praxis der Opposition. Sie ist *objektiv* und wartet darauf, zum *subjektiven* Faktor zu werden.

Mettiamo da parte »la giustizia«, concetto troppo relativo che è servito sempre di pretesto a tutte le oppressioni, a tutte le ingiustizie e che spesso non significa altro che vendetta. L'odio ed il desiderio di vendetta sono sentimenti irrefrenabili che l'oppressione naturalmente risveglia ed alimenta; ma se essi possono rappresentare una forza utile a scuotere il giogo, sono poi una forza negativa quando si tratta di sostituire all'oppressione non un'oppressione novella, ma la libertà e la fratellanza fra gli uomini. E perciò noi dobbiamo sforzarci di suscitare quei sentimenti superiori che attingono l'energia nel fervido amore del bene, pur guardandoci dallo spezzare l'impeto, fatto di fattori buoni e cattivi, necessario a vincere. Lasciamo che la massa agisca come la passione la spinge, se per meglio indirizzarla occorresse metterle un freno che si tradurrebbe in una nuova tirannia – ma ricordiamoci sempre che noi anarchici non possiamo essere né dei vendicatori, né dei »giustizieri«. Noi vogliamo essere dei liberatori e dobbiamo agire come tali per mezzo della predicazione e dell'esempio.

Errico Malatesta (1853-1932), Il terrore rivoluzionario [revolutionärer Terror], in: »Pensiero e volontà« [Denken und Wollen], am 1. Oktober **1924**.

Stellen wir den Begriff »Gerechtigkeit« beiseite, der allzu relativ ist und stets als Vorwand für jede Unterdrückung und jede Ungerechtigkeit diente, und oft nichts anderes bedeutet denn Rache. Hass und Verlangen nach Rache sind unbändige Gefühle, die natürlich durch Unterdrückung erweckt und genährt werden; aber obgleich sie eine nützliche Kraft darstellen können, um das Joch abzuschütteln, sind sie doch eine negative Kraft, wenn es darum geht, die Unterdrückung nicht durch eine neue Unterdrückung, sondern durch Freiheit und Brüderlichkeit unter den Menschen zu ersetzen. Und so müssen wir danach streben, jene höheren Gefühle zu wecken, die Energie aus glühender Liebe zum Guten schöpfen, während wir uns davor hüten, den Antrieb zu brechen, der zwar aus guten sowie aus schlechten Faktoren besteht, aber notwendig ist, um zu gewinnen. Lasst die Masse handeln, wie die Leidenschaft sie treibt, denn eine Bremse zu setzen, um sie besser lenken zu können, würde zu einer neuen Tyrannei führen – denkt immer daran, dass wir Anarchisten weder Rächer noch »Richter« sein können. Wir wollen Befreier sein, und müssen als Befreier handeln, indem wir aufklären und mit gutem Beispiel vorangehen.

Angelehnt an die Übersetzung von Elke WEHR, 1980.

DERRIDA LIEST WALTER BENJAMIN

GEWALT DER KRITIK ZWISCHEN SHOA UND OKTOBER-REVOLUTION. — Den Essay *»Zur Kritik der Gewalt«* veröffentlichte Walter BENJAMIN (1892-1940) im Jahr **1921**. Inhaltlich war BENJAMIN jener Denker, der wie kaum ein anderer die Kulturfrage in den Marxismus einführte; in das Visier derer, die heute den »Kulturmarxismus« für alle (?) Übel der (politischen) Welt verantwortlich machen, geriet er vermutlich nicht, weil er auch von Theodor W. ADORNO, der neben Herbert MARCUSE als Kulturmarxist schlechthin gilt, mies behandelt wurde. Die Ideen seines Essays mischt BENJAMIN in einer eigentümlichen Weise aus Marxismus, jüdischem Messianismus und Wiederbelebung griechischer Mythen.

Es geht ihm ausdrücklich nur um solche Gewalt, die »in sittliche Verhältnisse« eingreife (also nicht um Kriminalität). BENJAMIN unterscheidet: Gewalt als Mittel sei zulässig, um »gerechte Ziele« durchzusetzen. Diese Position nennt er »Naturrecht«. Oder Gewalt sei zulässig, sofern sie auf eine formal festgelegte Weise angewandt werde. Diese Position nennt er »positives Recht«. Das positive Recht etabliere durch Gewalt eine Rechtsordnung: Das sei »rechtsetzende Gewalt«. Oder es schütze durch Gewalt eine bestehende Rechtsordnung: Das sei »rechtserhaltende Gewalt«.

Für eine Kritik der Gewalt kämen diese Positionen und Anwendungen nicht in Betracht, denn in ihnen sei Gewalt ein Mittel, nicht also selbst Gegenstand der Betrachtung und möglichen Kritik. Schließlich gelangt Walter BENJAMIN zu dem Ergebnis, dass eine Kritik an der Gewalt aufrufe, eine nicht-gewaltsame Regelung von Konflikten zu entdecken. Andererseits hat er – en passant – eine jede rechtsetzende oder rechterhaltende Gewalt ablehnende »anarchistische« Haltung als »kindisch« gekennzeichnet.[69]

An BENJAMINS kreißendem, kein ihn selbst überzeugendes Ergebnis gebärendem Reflektieren können wir heute die Leistung von Murray ROTHBARD in »*For A New Liberty*«, 1973, ersehen,[70] wenn wir sie aus dem Kontext des von ROTHBARD selber gesetzten Begründungszusammenhangs lösen: ROTHBARD selber verortet seine Argumentation klarerweise in der naturrechtlichen Linie. Darüber wird oft übersehen, eine welch bahnbrechende Modifikation er vorgenommen hat: Keineswegs alle »gerechten« bzw. »natürlichen Ziele« sieht er als einen legitimen Grund für die Anwendung von Gewalt, einerlei wie man sie begründet, sondern bloß das *eine* Ziel, all die Ziele – egal ob »ungerechte« oder auch »gerechte« – zurückzuweisen, die sich gewaltsam etablieren, d.h. auf nicht-zustimmende Individuen erstrecken wollen. Nicht aus der Festlegung von »gerechten Zielen« (die in die Natur, die Religion etc. als »gegeben« hineingelesen werden) ergibt sich diese Argumentation, vielmehr aus der *Kritik der Gewalt*, nämlich dass sie gerade nicht rechtsetzend sein dürfe: als Mittel zur Rechtserhaltung ausscheide, wenn die Rechtsetzung vermittels Gewalt oder vermittels einer Ideologie zur Rechtfertigung von Gewalt durch »natürliche« Gegebenheiten erfolgt. In dem Sinne ist die Argumentation weder rein naturrechtlich – jedenfalls im Sinne BENJAMINS – noch rein formal »positiv«, sondern *gewaltbegrenzend*, ohne in die »kindische« Voraussetzung

69 Walter BENJAMIN, *Zur Kritik der Gewalt*, Frankfurt/M. 1965, S. 42.
70 Dt. *Für eine neue Freiheit: Kritik der politischen Gewalt*, 2 Bde. (edition g. 102 und 103).

zu fallen, dass bei der Regelung von Konflikten Gewalt ganz ausgeschlossen bleiben könne.

1989 unterzog DERRIDA BENJAMINS Essay während eines Colloquiums in New York City einer dekonstruktivistischen Lektüre,[71] an der meines Erachtens eher die Auslassungen als die Analysen selber bezeichnend sind. Dementsprechend unterziehe ich DERRIDAs dekonstruktivistische Lektüre aus ideologiekritischer Perspektive einer Kritik oder, wenn man so will, werde sie ihrerseits »dekonstruieren«. DERRIDA widmet fast seine gesamte Analyse der Logonstruktion von BENJAMINS Unterscheidung zwischen rechtsetzender und rechtserhaltender Gewalt, klärt aber keineswegs, ob diese analytische Unterscheidung laut BENJAMIN in der Realität des Staats immer auseinanderzuhalten sein muss. Das muss sie nicht, denn BENJAMIN selber weist darauf hin, dass viele polizeiliche Aufgaben eine Vermischung der beiden Rechtsfunktionen beinhalten.

Zwar beschäftigt DERRIDA sich eingehend auch mit dem Datum[72] der Veröffentlichung, **1921**, blendet jedoch einen wichtigen Bezugspunkt bezeichnenderweise aus. Der Kontext, in dem er die Veröffentlichung sieht, ist die generelle intellektuelle Kritik in jener Zeit an der parlamentarischen Demokratie. Ausdrücklich erwähnt er die konservativ beheimateten, schließlich sogar faschismusanfälligen Denker Carl SCHMITT (1888-1985) & Martin HEIDEGGER (1889-1976). Carl SCHMITT hatte über die politischen Gräben hinweg Walter BENJAMIN nach der Veröffentlichung des Essays gratuliert und sich von dessen Argumentation beeindruckt gezeigt. Diesen Aspekt nennt DERRIDA, der sich im übrigen mit politischen Wertungen zurück hält, »fürchterlich« und

71 Jacques DERRIDA, *Gesetzeskraft* (1990), Frankfurt/M. 2017. Es besteht ein enger Zusammenhang mit *Préjuges* (1985) ▷ # 8, S. 75 ff ▷

72 Zum Datum vgl. Jacques DERRIDA, *Schibboleth* (1986), Wien 2012.

»unerträglich«,[73] als ob die vornehmliche Aufgabe der Dekonstruktion die Erhaltung des politischen Status quo sei. Den anderen Kontext stellt DERRIDA mit einem gewissen Vorbehalt selber her: die Shoa. Einerseits wirft er BENJAMIN vor, gegen seinen Willen habe er mit der Dekonstruktion der parlamentarischen Demokratie am Heraufbeschwören der Kräfte mitgewirkt, die die Shoa verantworten. Andererseits sieht DERRIDA, dass BENJAMIN seinerseits die Shoa als die »totalitäre Radikalisierung der Staatslogik« analysiert hätte, um deren prinzipielle Verstrickung in die Gewalt es ihm gegangen sei.[74]

DERRIDA macht deutlich, dass BENJAMINS Verurteilung des Staats anarchistisch ist (obwohl BENJAMIN sich in der oben zitierten Bemerkung vom Anarchismus als ebenso »naiv« wie landläufiger Pazifismus distanziert), eine Verurteilung gar »der Revolution, die einen Staat durch einen anderen Staat ersetzt«.[75] Revolution? War da nicht etwas? **1921**! Die bolschewistische Oktoberrevolution war kein halbes Jahrzehnt alt, W. I. LENIN (1870-1924) herrschte, das war also vor dem Stalinismus. In Kronstadt wurden aufständische Matrosen niedergeschlagen, die mit dem Anarchismus sympathisierten, in der Ukraine kämpfte die Rote Armee mit unvorstellbar grausamer Gewalt gegen anarchistische Bauernrebellen. BENJAMIN, der Marxist, vermeidet in seinem Essay peinlich jeden Hinweis auf Russland oder LENIN, vermeidet den Anschein, mit dem Anarchismus irgendetwas zu tun zu haben. Doch DERRIDA ist ihm auf die Schliche gekommen, verheimlicht jedoch seine Erkenntnis dem Leser: Worum es BENJAMIN letztlich geht, ist eine Kritik am Leninismus, also an dessen Strategie, den einen durch einen anderen Staat zu

73 Jacques DERRIDA, *Gesetzeskraft*, S. 123, vgl. auch S. 67, S. 99, S. 105.
74 Ebd., S. 117.
75 Ebd.; vgl. auch S. 82, S. 100, S. 109.

ersetzen. Die Gewalt, die er einsetzt, befreit nicht: sie entartet zu einer neuen rechtsetzenden Gewalt, die ihrerseits in eine neue rechtserhaltende Gewalt übergeht. ▽ # ZAPATA, **1914**, s. unten, Annotat ▽ △ # Mexiko, **1924**, s. oben S. 37ff △ In dieser historischen Lage zieht BENJAMIN sich auf zwei Positionen zurück, eine praktische und eine metaphysische: Gegen die Gewalt des Staats, der einer permanenten Gewalt zu seiner Konstitution und zur Sicherung seines Bestandes bedarf, stellt er einerseits die persönliche private Beziehung von Angesicht zu Angesicht, in der Gewalt zwar als Unfall vorkommen mag, die aber die friedliche Lösung der Konflikte als Ideal hat. Andererseits ruft er die rechtszerstörende Gewalt des jüdischen Gottes ▷ s. ¿Vor dem Gesetz?, S. 75ff ▷ ▷ s. ¿GIDEON?, S. 73 ▷ gegen die rechtssetzende Gewalt der griechischen Mythologie an: Jene Gewalt zerstört das Recht, das im Staat eben zu einer permanenten Gewalt wird und ist damit der Idee des Friedens jenseits eines naiven Pazifismus verpflichtet, der davon ausgeht, es sei möglich, dem Staat die Gewalt zu entziehen. Aber klingt DERRIDAS BENJAMIN-Lektüre nicht, als käme bei der $\frac{Dek}{Log}$onstruktion bloß eine Rechtfertigung der Sozialdemokratie heraus? Ist er ein Ideologe des Korporatismus? Und würde nicht genau dies seine Popularität erklären? Es wäre andererseits ja möglich, dass DERRIDA sich selber missversteht.

ANNOTAT

¡VIVA ZAPATA! — DER THRON IST KEIN SITZ FÜR EINEN ANARCHISTEN. — Pancho VILLA hat Emiliano ZAPATA nach der Einnahme von Mexiko Stadt am 6. Dezember **1914** wider ZAPATAS Willen zum Präsidenten erklärt.[76] ZAPATA,

76 Szene aus dem Film »Viva Zapata«, 1952, Regie: Elia KAZAN; Drehbuch: John STEINBECK; ZAPATA spielt Marlon BRANDO. ¡Viva Zapata! der Punk-Band 7 Year Bitch (1994) hätte eine dekonstruktivistische Relevanz.

Emma GOLDMAN
über Kronstadt **1921**

Leo TROTZKI meint, die Kritik an seiner Rolle in der Kronstädter Tragödie diene ja bloß dazu, seinem Todfeind STALIN zu helfen und ihn zu unterstützen. […] Nein, ich habe nichts übrig für den derzeitigen Herrscher von Russland. Jedoch muss ich darauf hinweisen, dass STALIN nicht als Geschenk des Himmels über das unglückliche russische Volk gekommen ist. Er setzt lediglich die bolschewistische Tradition fort, wenn auch auf eine unerbittlichere Weise. Ein Prozess der Entfremdung der russischen Massen von der Revolution hatte fast unmittelbar nach dem Machtantritt LENINS und seiner Partei begonnen. Krasse Diskriminierung bei Verpflegung sowie Unterkunft, Unterdrückung aller politischen Rechte, anhaltende Verfolgungen und Verhaftungen waren früh an der Tagesordnung. […] Ich gebe zu, die Diktatur unter STALINS Herrschaft ist monströs geworden. Das mindert jedoch nicht die Schuld Leo TROTZKIS als einer der Akteure in dem revolutionären Drama, wobei Kronstadt zu den blutigsten Szenen gehörte. […]

TROTZKI tut empört, dass die Kronstädter »Episode« wiederbelebt wurde und man Fragen zu seiner Rolle stellt. Es kommt ihm nicht in den Sinn, dass diejenigen, die ihn gegen seinen Verleumder verteidigen, das Recht haben zu fragen, welche Methoden er während seiner Amtszeit angewandt hat. […]

Natürlich verhalf Kronstadt 1917 den Bolschewiki in den Sattel. Im Jahre **1921** forderte man dort die Abrechnung mit den falschen Hoffnungen, die in den Massen geweckt wurden, und mit dem großen Versprechen, das die Bolschewiki fast sofort gebrochen hatten, als sie sich in ihrer Macht gefestigt fühlten – ein abscheuliches Verbrechen. […]

Zwar versichert uns der ehemalige Kommissar [TROTZKI], dass »die Bauern sich mit der Requisition als vorübergehendes Übel versöhnten«, und ebenso dass »die Bauern den Bolschewiki zustimmten, aber immer feindseliger gegenüber den ›Kommunisten‹ wurden«. Aber diese Behauptungen sind reine Fiktion. […] In Wirklichkeit hassten die Bauern das Regime fast von Anfang an, jedenfalls vom dem Moment an, als LENINS Slogan von der »Enteignung der Enteigner« in »Enteignung der Bauern zum Ruhme der kommunistischen Diktatur« verwandelt wurde. Darum befanden sie sich in ständigem Aufruhr gegen die bolschewistische Diktatur. […]

Leo TROTZKI versichert seinen Lesern auch, dass »sich damals, nebenbei gesagt, niemand um die Anarchisten gesorgt« habe.

Das stimmt leider nicht mit der unaufhörlichen Verfolgung der Anarchisten überein, die 1918 begann, als Leo TROTZKI das anarchistische Hauptquartier in Moskau mit Maschinengewehren liquidieren ließ. Damals begann der Prozess der Eliminierung der Anarchisten. Noch heute, so viele Jahre später, sind die Konzentrationslager der Sowjetregierung voll von Anarchisten, die am Leben geblieben sind. Noch vor dem Kronstädter Aufstand, nämlich im Oktober 1920, hatte Leo TROTZKI seine Meinung über [Nestor] MACHNO wieder mal geändert. Zuvor war er auf dessen Hilfe und die seiner Armee angewiesen, um WRANGEL zu besiegen. Aber indem er einer Konferenz von Anarchisten in Charkow zustimmte, lockte er mehrere hundert Anarchisten in eine Falle und steckte sie ins Gefängnis von Boutirka, wo sie bis April 1921 ohne jede Anklage festgehalten wurden, als sie zusammen mit anderen linken Politikern über Nacht gewaltsam deportiert und dann heimlich in verschiedene Gefängnisse und Konzentrationslager in Russland und in Sibirien geschickt wurden. […] In diesem Fall muss man sich viele Sorgen über die Anarchisten gemacht haben, sonst hätte es keinen Grund gegeben, sie zu verhaften und auf die alte zaristische Weise in ferne Teile Russlands und Sibiriens zu verschiffen.

Leo TROTZKI verspottet die Forderungen der Matrosen nach freien Sowjets. Es war in der Tat naiv von ihnen zu glauben, dass freie Sowjets Seite an Seite mit einer Diktatur existieren können. Tatsächlich hatten die freien Sowjets bereits in einem frühen Stadium des kommunistischen Spiels aufgehört zu existieren, wie die Gewerkschaften und die Genossenschaften. Sie wurden alle mit der bolschewistischen Staatsmaschine verzahnt. Ich erinnere mich gut, dass LENIN mir mit großer Genugtuung sagte: »Euer Großer Alter, Errico MALATESTA, ist für unsere Sowjets.« Ich beeilte mich zu sagen: »Du meinst freie Sowjets, Genosse LENIN. Für sie bin auch ich.« LENIN lenkte unser Gespräch auf was anderes ab. Aber ich erfuhr bald, warum es in Russland keine freien Sowjets mehr gab.
Leo TROTZKI reagiert sarkastisch auf den Vorwurf, er habe 1500 Matrosen erschossen. Nein, er hat den verdammten Job nicht selber gemacht. Er beauftragte TUCHATSCHEWSKI, seinen Leutnant, die Matrosen »wie die Fasane« abzuknallen, was er ja auch angedroht hatte. TUCHATSCHEWSKI führte den Auftrag aus, bis zum letzten Blutstropfen.

Emma GOLDMAN (1869-1940), 1938 im »Vanguard«. In meiner eigenen Übersetzung.

der sich nach wie vor weigert, mit »*Señor Presidente*« ange-
sprochen zu werden, empfängt eine Delegation von Bauern.
Sie bringen eine Beschwerde gegen Eufemio vor, ZAPATAS
Bruder, der sich in der Provinz aufführe wie die früheren
Feudalherren, gegen die sie gemeinsam gekämpft hatten.
ZAPATA verspricht sichtlich verlegen und ausweichend, der
Sache nachzugehen. Ein Bauer wagt es, darauf aufmerksam
zu machen, die drangsalierten Bauern könnten es sich nicht
leisten, Zeit zu verlieren. Arrogant weist ZAPATA auf die Ver-
dienste seines Bruders Eufemio um die Sache der Bauern
während der Revolution hin. Man solle nicht vergessen, dass
Eufemio gegen die gemeinsamen Feinde gekämpft habe. Der
aufsässige Bauer bleibt dabei, dass hungrige Mägen nicht auf
das Ergebnis einer Untersuchung warten könnten. Wütend
fragt ZAPATA ihn nach seinem Namen. Während er sich ihn
notiert, zweifellos, um ihn später zur Rechenschaft ziehen zu
können, hält er inne, weil er sich erinnert, wie der gestürzte
Präsident DIAZ einst ihn und seine Bauerndelegation mit
ähnlicher Arroganz abgefertigt hatte. Dann geht ZAPATA
zum Schreibtisch, nimmt seinen Colt und legt den Patronen-
gürtel an. Seinem entgeisterten Berater erklärt er, er gehe
mit den Bauern nach Hause und setze den Kampf fort.
Im Gegensatz zu den übrigen siegreichen Revolutionären
erkennt ZAPATA, dass die Ausübung der politischen Macht
ihn dem verhassten früheren Regierungschef ähnlich macht.
Setzt mich auf den russischen Thron, soll der anarchistische
Revolutionär Michael BAKUNIN (1814-1876) geunkt haben,
und ich werde der schlimmste aller Zaren sein. Indem aber
ZAPATA auf die politische Macht verzichtet und weiter-
kämpft, verliert sein Kampf den Focus, also das militärisch
definierbare Ziel, die Macht in der Hauptstadt zu erringen.
Und folgerichtig verliert der erfolgsverwöhnte Revolutions-
führer nunmehr den Kampf gegen seinen »revolutionären«

Nachfolger, dessen militärischer Einsatz ein klar definiertes Ziel hat, nämlich an der Macht zu bleiben (um sich und seine Günstlinge zu bereichern). Bis **1919** hatte er ZAPATA und **1920** dann Pancho VILLA niedergerungen ◁ # 5, S. 37ff ◁ Erinnern wir uns des Datums von BENJAMINS Essay: **1921**. Zwischen ▽ drei weiteren Daten, die Bedeutung verlangen ▽

DREI WEITERE DATEN

»Jedes Prinzip würde ich verletzen, um einen Menschen zu retten.« Errico MALATESTA, *Errori e rimedi*, in: L'Anarchia, August **1896**. »Müsste man, um zu siegen, auf öffentlichen Plätzen Galgen errichten, dann will ich lieber unterliegen.« DERS., *Il terrore rivoluzionario*, in: Pensiero e volontà, Oktober **1924** ▷ Zement, vgl. S. 76 ▷

Wenn MATATESTA **1919** bereit gewesen wäre, wie ein LENIN zu handeln, wäre er der LENIN Italiens geworden. So ist er ein ZAPATA geblieben, auf dessen Rückkehr, getragen von einem Schimmel, wir warten dürfen. »Alternative« Geschichte dagegen ist ein zweischneidiges Schwert. Vielleicht *hätte* es uns vorm italienischen – und dann auch deutschen? – Faschismus bewahrt. Doch vielleicht *würde* Europa – und dann auch die ganze Erde? – heute noch unter den Nachfahren von LENIN und STALIN stöhnen. & MALATESTA wäre nichts weiter als ein weiterer Name im Reigen.

Auf jeden Fall jedoch hätte es uns der letzten Alternative zur Gewalt beraubt: Aller Möglichkeiten, heute noch die *Kritik der Gewalt* zu lesen, ohne gleich schamrot zu werden. Lieber unterliegen, als Verbrechen begehen: Das sei Quintessenz einer Ethik, die nicht Politik werden mag. »Da sprachen die Männer von Israel zu GIDEON: Sei Herrscher über uns [...]. Aber GIDEON sprach zu ihnen: Ich will nicht Herrscher über euch sein [...], sondern der HERR soll Herrscher sein über euch.« Aus: *Richter* 8,22 und 23 (zit. n. LUTHER, Rev. 2017).

Gewalt erzeugt Gewalt, Autorität erzeugt Autorität. […] Ein Fanatiker, der sich einredet, daß er imstande sei, ein Volk durch Gewalt zu erlösen, mag ein ganz guter Mensch sein, doch zugleich ist er ein schreckliches Mittel im Dienste der Unterdrückung. […] ROBESPIERRE war gewiß von dem besten Willen beseelt; doch die Reinheit und Grausamkeit seines Gewissens ist gewiß ebenso schädlich gewesen für die Revolution wie der persönliche Ehrgeiz von NAPOLEON. Der ehrliche Fanatismus eines TORQUEMADA, die Seelen der Menschen zu retten, ist weit gefährlicher gewesen für die Freiheit, als der Skeptizismus und die Korruption des Regimes von LEO X. […]

Die anarchistische Idee bietet ebenso keine Garantie gegen ihre Wesenskorrumpierung wie die Idee des Liberalismus dies tat. Und schon heute können wir den Anfang dieser Korruption aus den Taten einiger Anarchisten entnehmen, indem wir ihre Intoleranz, ihren Wunsch, Schrecken und Furcht um sich zu verbreiten, sehen. **Anarchisten!**, verteidigen wir den Anarchismus gegen diese Korruption. Unser Ideal ist ein Ideal der Liebe. Wir können und dürfen keine ›Richter‹ und kein strafender Arm der ›Gerechtigkeit‹ sein. Unser einziges Verlangen, unser Stolz, unser Ideal ist es, Befreier zu sein.

Errico Malatesta, Anarchy and Violence, in: Liberty, **1894**. ¿Das Original ≠ italienisch?:

The Anarchist idea is no more secured from corruption than the Liberal idea has proved to be, yet the beginnings of corruption may be already observed if we note the contempt for the masses which is exhibited by certain Anarchists, their intolerance, and their desire to spread terror around them. **Anarchists!**, let us save Anarchy! Our doctrine is a doctrine of love. We cannot, and we ought not to be either avengers, nor dispensers of justice. Our task, our ambition, our ideal is to be deliverers.

Die anarchistische Idee ist ebenso wenig gegen Entstellung gefeit wie es die liberale Idee erwiesenermaßen war, doch wir können eine solche Entstellung schon in den Anfängen feststellen, wenn wir die von manchen Anarchisten an den Tag gelegte Verachtung der Massen, ihre Intoleranz und ihren Drang, Terror zu verbreiten, wahrnehmen. **Anarchisten!** Lasst uns die Anarchie retten! Unsere Lehre ist eine Lehre der Liebe. Wir können und wir dürfen weder Rächer noch Richter sein. Unsere Aufgabe, unser Ziel ist es, die Gerechtigkeit [◁ S. 64!? ◁] zu verwirklichen.

Übersetzung 1: Unbekannt (‹Augustin SOUCHY?›), **1918** (?). Übersetzung 2: Felix KURZ, **2015** (?).

8
DERRIDA LIEST KAFKA & FREUD

» ... WIR HABEN ABGESTIMMT ... « — ZUR TRAURIGEN
AKTUALITÄT DER KAFKAESKEN ERFAHRUNG. — Zum
Türhüter des Gesetzes kommt ein Mann vom Lande, der um
»Eintritt in das Gesetz« bittet. Der Türhüter verwehrt dem
Mann den Eintritt und vertröstet ihn, vielleicht sei ein Eintritt später möglich. Die Tür zum Gesetz steht zwar offen,
aber der Türhüter warnt den Mann, über ihm gäbe es Türhüter, die noch schrecklicher seien als er, und der Mann verzichtet darauf, das verbale Verbot zu missachten. Stattdessen
wartet er. Er wartet, bis er alt ist und erfährt kurz vor seinem
Tod, dass diese Tür nur für ihn vorgesehen war und nun ge-
schlossen werde.

Die Kurzgeschichte Vor dem Gesetz von Franz KAFKA (1883-
1924), **1915** durch KAFKA selber veröffentlicht, vermittelt
beim Lesen zunächst die Erfahrung, die seitdem »kafkaesk«
genannt wird: Wir sind Mächten und Kräften unterworfen,
deren Agieren wir nicht verstehen und nicht beeinflussen
können, besonders Kräften und Mächten, die im Zusammenhang mit den modernen Systemen der gesellschaftlichen Re-
gulierung stehen wie dem Justizapparat.

DERRIDAS Lektüre (1982) dieser Kurzgeschichte[77] lenkt die
Aufmerksamkeit auf einige Aspekte, die Einsichten in das
Wesen des Gesetzes vermitteln. Einen verspäteten Eintritt in
das Gesetz erlauben?

Schon der Titel hat es in sich. »Vor dem Gesetz« bezieht
man spontan auf den Mann vom Lande, der um den Eintritt

---

77 Jacques DERRIDA, *Préjugés: Vor dem Gesetz* (1985), Wien 2017.

Vor dem Gesetz

[In einem Tscheka-Büro, **1920**. Badjin, Vorsitzender; Makar, zum Tode verurteilt; Tschibis, Vollstrecker; Tschumalow, kritisch.]

MAKAR Ich wollte mich sozusagen verabschieden, Genosse Vorsitzender, weil wir uns ja wohl nicht mehr sehen werden. Es tut mir leid, daß ich der Sowjetmacht nicht weiter von Nutzen sein kann. [...]

BADJIN Du bist ein guter Soldat gewesen, 2 Jahre an der Front. Und ein guter Tschekist warst du auch. [...]

TSCHUMALOW Was hat er angestellt. [...] Gibt es keine andre Möglichkeit.

BADJIN Eine Offiziershure. [...] Makar hat ihr versprochen, daß er vorbeischießen und ihr heraushelfen wird, wenn sie sich für ihn hinlegt. [...] Dann im Keller hat sie den Bourgeoisweibern erzählt, 2, die wegen Lebensmitteldiebstahl sitzen, daß er sie retten wird usw. Zusammen haben sie ihn denunziert beim Genossen Tschibis wegen Vergewaltigung, weil sie dachten, so kommen sie heraus aus dem Keller. Die ganze Stadt redet schon davon, daß bei der Tscheka die Weiber vergewaltigt werden, und damit sie das Maul halten, erschießt man sie. Es gibt keine andere Möglichkeit.

TSCHUMALOW Er ist 19, ein halbes Kind. Er ist 2 Jahre an der Front gewesen. Und wegen einer Hure, die den Weißen unsere Genossen ans Messer geliefert hat. Was seid ihr für Menschen. Habt ihr Steine in der Brust.

BADJIN [...] **Wir haben abgestimmt.** [...]

TSCHUMALOW [...] Haben Sie auch für Erschießen gestimmt, Genosse Tschibis. Es ist leicht, seine Stimme zu geben, wie, für einen Tod, den man nicht selber sterben muss.

TSCHIBIS [...] Ja, ich habe auch für Erschießen gestimmt, genauso wie er selbst, den ich jetzt erschießen werde.

Δ

Und dies liest hieraus Alexandra von HIRSCHFELD, »Frauenfiguren im dramatischen Werk Heiner Müllers«, Marburg 1999, S. 42, nämlich Tschumalow verteidige »den Soldaten Makar, der für eine Vergewaltigung [sic] zum Tode verurteilt wird, mit dem Argument, daß Frauen Männer dazu herausfordern [sic]«. Wird Denunziation »wahr«? Über was **verfügt** die Revolution?

Aus:
Heiner MÜLLER, Zement (1972), Geschichten aus der Produktion, Band 2, Berlin 1974, S. 91 f.

Nach Цемент (1925), Fjodor GLADKOW (1883-1958). Makar ist Heiner MÜLLERS (1929-1995) Figur.

Nach dem Gesetz

Raswjorstka [heißt] das gewaltsame Eintreiben von Nahrungsmitteln [...]. Die Bolschewiki sagen, dass man wegen der Weigerung der Bauern, den Städten Nahrungsmittel zu liefern, gezwungen sei, auf die Raswjorstka zurückzugreifen. [...] In der Tat lehnten die Bauern es strikt ab, ihre Produkte den Regierungsbeamten auszuhändigen. Sie forderten das Recht, mit den Arbeitern direkt zu verhandeln, aber das wurde ihnen verwehrt. [...] Die Güter, die den Bauern als Gegenleistung für ihre Produkte versprochen wurden, erreichten sie nur selten oder befanden sich, wenn sie sie tatsächlich erhielten, in beschädigtem oder unzureichendem Zustand usw. [...] In Russland ist bekannt, dass das System der Raswjorstka mitverantwortlich für die gegenwärtige Hungersnot ist. Denn die Bauern wurden nicht nur ihres letzten Rests Mehl beraubt, oft wurde ihnen auch noch das genommen, was sie sich für ihre nächste Aussaat zurückgelegt hatten. [...]
Heute kursiert eine Anekdote in Russland, welche die Sicht der Bauern auf die bolschewistische Methode der Nahrungsmitteleintreibung beleuchtet. LENIN empfängt ein Bauernkomitee. »Nun, Großväterchen«, sagt LENIN zu dem ältesten Bauern, »du solltest jetzt zufrieden sein; du hast das Land, das Vieh, das Geflügel; du hast alles.« »Ja, Gott sei gesegnet«, antwortet der Bauer. »Ja, Väterchen, das Land gehört mir, aber du kriegst das Brot; die Kuh gehört mir, aber dir die Milch; die Hühner gehören mir, aber dir die Eier. Der Herr sei gesegnet, Väterchen!«

▽

Manch einer, der über Russland schreibt, macht sich die offizielle Erklärung zur Feindschaft der Bauern zu eigen. Etwa Bertrand RUSSELL [...] meint [...]: »Man muss zugeben, dass die Gründe der Bauern, um deretwillen sie die Bolschewiki nicht mögen, sehr unzulänglich sind.« Offensichtlich hat Herr RUSSELL die Auswirkungen der Raswjorstka nicht selber gesehen, sonst wäre er ja anderen Sinnes geworden.

▽

[Der] passive Widerstand [der Bauern] hat das bolschewistische Regime fast ruiniert. Diese Erkenntnis – nicht die Tatsache, dass die Raswjorstka unmenschlich und konterrevolutionär war –, zwang LENIN zu seiner neuen Steuer- sowie Freihandelspolitik.

Aus:
Emma GOLDMAN, The Crushing of the Russian Revolution, **1922**; in meiner eigenen Übersetzung.

bittet und draußen zu bleiben hat. Doch der erste Satz der Erzählung lautet: »Vor dem Gesetz steht ein Türhüter.« Der Türhüter selber steht *vor*, mithin ebenfalls *außerhalb* des Gesetzes. Er wähnt sich zwar als Teil einer Hierarchie von Türhütern, einer »mächtiger« und auch furchterregender als der andere – »schon den Anblick des dritten« könne nichteinmal er mehr »ertragen«, erklärt der Türhüter dem Mann –, aber sie alle stehen vor, mithin auch außerhalb des Gesetzes.

Das beschreibt die Wirklichkeit des herrschenden Gesetzesstaats, wie wir sie alle, wenn wir es uns recht eingestehen, nur zu gut kennen, und zwar auf zwei Ebenen:

Das allklägliche Leben würde schlechterdings lahmgelegt, wenn wir uns immer strikt an die Gesetze und sonstigen Vorschriften halten würden. »Dienst nach Vorschrift« ist so ein Satz, der das ausdrückt. »Dienst nach Vorschrift« ist ein Mittel des zivilen Ungehorsams, denn er führt dazu, dass in Wirklichkeit nichts mehr funktioniert. Wer akribisch sich an die Vorschriften hält, verbringt sein Leben wie der Mann vom Lande in Kafkas Geschichte mit stumpfsinnigem und unproduktivem Warten auf Einlass in das Gesetz.

In gleicher Weise funktioniert jedoch auch der Machtapparat selber nicht anders als unter einer ständigen Missachtung diverser Gesetze. Die verschiedenen Fraktionen des Machtapparats lieben es, sich gegenseitig ihre »Gesetzesbrüche« vorzuwerfen, doch niemand wäre in der Lage, seine sozialen Funktionen unter strikter Einhaltung aller Gesetze aufrecht zu erhalten.

Obwohl also das Gesetz stumpf ist und schweigt, verbreiten die Türhüter, die auch außerhalb von ihm stehen, Angst und Schrecken. Um Angst und Schrecken zu verbreiten, brauchen sie meistenteils nichts zu tun, keine Gewalt anzuwenden. Der Mann vom Land, der um Eintritt in das Gesetz in der Erwartung bittet, das Gesetz gelte schließlich für alle, wartet »doch lieber«, bis er die Erlaubnis zum Eintritt bekommt, nachdem er sich den Türhüter *genauer* angesehen hat: "Pelz- m̲a̲n̲t̲e̲l̲uschi", große Spitz~u~a~se & langer, dünner, schwarzer †a†arischer Bar†. Das sind die A††ribu†e der Mach†, die den Mann vom Lande zurückschrecken lassen. &

Diese Attributte der Macht interpretiert DERRIDA psycho-analtypisch. Der Mann vom Lande sieht sich mit den eignen sexuellen FAN†asien konfrontiert & entwickelt ein Schuld-gefühl, welches ausreicht, um ihn davon abzuhalten, gegen das vom Türhüter ausgesprochene Verbutt zu verstoßen, die faketisch offenstehende Sch̲w̲e̲l̲l̲e̲vulva zum Gesetz zu über-treten. Hierbei verweist DERRIDA auf eine bezeichnende Stelle bei FREUD. FREUD schreibt die Entstehung des Schuld-gefühls, das zur Unterwerfung unter die Autorität und Moral des Staats führt, bekanntlich dem ersten Vatermord in der Urhorde zu und zwar dergestalt, dass die S†öhne den Mord *bereuen* ... »Aber wie und warum«, so ruft DERRIDA aus, »wenn dies vor der Moral, vor dem Gesetz liegt?«[78] Damit setzt FREUD das, was er erklären möchte, bereits voraus, und erklärt letztlich nichts: Das Gesetz liegt ursprungslos im mythischen Nebel – obgleich es mit dem Anspruch auftritt, transparent und allen zugänglich zu sein, was es offensicht-lich nicht ist, wie der Mann vom Lande erfahren musste, der naiv um Einlass in das Gesetz bittet.

Diese von DERRIDA anhand der kafkaesken Erzählung her-ausgearbeitete innere Widersprüchlichkeit eignet ganz be-sonders dem fast eindunkel [scheinheilig] für gut & gerecht befundenen demokratischen Gesetzgebungsverfahren:

Auf der einen Seite soll »das Volk« – der Idee nach: eine Mehrheit des Volks, der Wirklichkeit nach: eine Minderheit desselben – oder sollen vielmehr die Stellvertreter und die

78 Ebd., S. 51ff. Weiter ▷ # 8, Annotat 1, S. 81ff ▷

Repräsentanten dieses Volks »das Gesetz« machen und erlassen. Sie sind Ursprung ◁ S. 76 ◁ des Gesetzes, wenn »alle
Staatsgewalt vom Volke ausgeht«.

Auf der anderen Seite wird jedoch verlangt, dass die Staatsgewalt sich an den Ideen der Gerechtigkeit und der Ethik
ausrichtet. Insofern muss das Gesetz, das ja erst formuliert
und erlassen werden soll, also bereits vorhanden sein. Oder
noch deutlicher: Nach welchen Kriterien kann »das Volk«,
können die Stellvertreter und Repräsentanten dieses Volks
entscheiden, was der ethische Inhalt eines Gesetzes sei?
Wenn aber nun der ethische Inhalt schon feststeht, wie er es
muss, wenn die Gesetze nicht die Willkür widerspiegeln
dürfen, dann können Gesetze eben nicht qua Willkür der
Mehrheit oder der die Mehrheit angeblich oder wirklich
vertretenden Personen formuliert und erlassen werden.

Da DERRIDA so sehr auf das *Datum* eines Textes schaut, er-
staunt es, dass er in seiner KAFKA-Lektüre mit keinem Wort
darauf eingeht: **1915**. Das ist im ersten Weltkrieg, der grade
begonnen hat. Krieg ▷ S. 110f ▷ als Unrecht, von Staaten
organisiert, das sich in das Kleid der Gesetzlichkeit und des
Rechts wirft. Vorbote der russischen Revolution, die sich
anschickt, das Recht im Staat zu konzentrieren, grenzenlos
Gewalt namens des Volkes auszuüben und jedes einzelne
Mitglied des Volks zu dessen »Wohl« ◁ S. 77 ◁ zu opfern.
Die Auseinandersetzung von KAFKA mit dem Gesetz und
der hinter ihm stehenden Gewalt, der sich die Menschen wie
sein »Mann vom Lande« nahezu willenlos unterworfen
haben, steht nicht in literarischer Feinsinnigkeit isoliert da:
Sie ist Ausdruck der wahren gesellschaftlichen Kräfte, die
sich verbündet haben, um den Einzelnen vor der Tür des Gesetzes verhungern zu lassen oder, falls er sich dazu nicht bereit findet, zu zerschmettern. Diese Geschichte des Gesetzes
ist nicht zuende. Es brennt an etlichen Stellen der Erde, wo

Staaten Krieg führen. Und es verdorrt das Leben an vielen
Stellen der Erde, wo das Gesetz das Leben einschränkt und
zum Erliegen bringt.

ANNOTAT 1

Jenseits des Lustprinzips. — Im Jahre 1913, zwei Jahre
vor KAFKAS Geschichte, erschien »*Totem und Tabu*«, das
Buch, in welchem Sigmund FREUD einen Begriff etablierte,
der seitdem ein Eigenleben in der Alltagspsychologie und
Alltagssprache führt: den symbolischen »Vatermord«, und
auf das DERRIDA in seiner KAFKA-Lektüre zurückgreift.
Freilich spekulierte FREUD, dass am Anfang der kulturellen
Entwicklung der Menschheit ein tatsächlicher Vatermord
in der »Urhorde« stattgefunden habe, dass die Tat mithin
tatsächlich und nicht nur symbolisch vollzogen worden sei.
Es war ein gewalttätiger, eifersüchtiger Vater, der alle Frauen
für sich behielt und die Söhne vertrieb. Widerstreitende Gefühle beherrschten nun die vertriebenen Söhne: Natürlich
hassten sie ihren Vater, der ihren Bedürfnissen nach Macht
und Sex im Wege stand, ebenso natürlicherweise liebten und
bewunderten sie ihn aber. Eines Tages schlossen die Söhne
sich zusammen, erschlugen den Vater und verzehrten ihn.
Nachdem der Hass gegenüber dem Vater befriedigt war,
setzten sich bei den Söhnen die zärtlichen Regungen gegenüber dem Vater durch und sie nahmen die Form der Reue,
des schlechten Gewissens und des Schuldbewusstseins an.
Die Identifizierung mit dem Vater im Akt des Kannibalis-
mus ermöglichte ihnen die Identifizierung miteinander sowie dadurch die Überwindung der Rivalität untereinander.
So widerriefen sie ihre Tat, indem sie mehr oder minder geeignete kultische und ethische Vorschriften erließen, um der
Reprise vorzubeugen.
Die Spekulationen von FREUD basierten zwar auf dem vor-

mals höchsten Stand der gerade erst jungen Disziplin der Ethnologie, blieben aber stets Spekulationen, die sich nicht wirklich verifizieren lassen. Dies führte zu ihrer Ablehnung und Verspottung und zu dem Vorwurf, FREUD habe durch sie die Familie und ihre Struktur herabgewürdigt und damit dem Verfall preisgegeben.

Dass es der Begriff des »Vatermordes« gleichwohl zu einer unaufhaltsamen Karriere in der Alltagssprache und Alltagspsychologie brachte, zeigt jedoch, wie FREUD durchaus den Nagel auf den Kopf getroffen hatte. Zwar nicht wegen einer historischen, sondern der aktuellen Bedeutung, in der genau die von ihm beschriebenen widerstreitenden Gefühle den wirklichen Vätern oder den Ersatzvätern wie Lehrern oder anderen wichtigen Personen im Leben des Menschen gegenüber oft anzutreffen sind.

DERRIDA macht hierbei, wie gesagt, auf einen Zirkelschluss aufmerksam: Wolle FREUD mit dem ersten Vatermord in der Urhorde die Entstehung von Moral und Gesetz erklären, hat es keinen Sinn, davon zu sprechen, die Söhne packe nach der Tat ein Schuldbewusstsein, das die Existenz der Moral voraussetzt. DERRIDAS Einwand bekräftigt, dass FREUD keine wirkliche Aussage über den Ursprung von Gesetz und Moral trifft. Wenn wir uns den krassen Fall des antiken römischen Familienrechts anschauen, können wir eine andere Hypothese wagen. Ein römischer "PATER FAMILIAS" besaß das lebenslange Recht, über die Hinrichtung, über die Heiraten und alle sonstigen wesentlichen Entscheidungen der Kinder zu befinden. Der Stimulus, angesichts einer nie endenden Herrschaft des Vaters seinem Ableben im Konfliktfall nachzuhelfen, wirkte überwältigend. Eine solche herrschaftliche Position des Vaters stammte aber eben nicht aus der »Urhorde«, entsprach nicht seiner *natürlichen* Autorität, sie war staatlich gesetzt. Folgt man meinen Überlegungen, macht es wenig Sinn, Freuds Vatermord als historisch-ethnologische Theorie zu lesen, vielmehr als ein Instrument, Strukturen zu analysieren, welche dem Vater solch eine Autorität verliehen haben oder verleihen, dass die natürliche Liebe der Kinder zum Vater sich vermischt mit einer berechtigten Furcht vor ihm oder gar einem mörderischen Hass gegen ihn.

& am Schluss von »*Totem und Tabu*« warnt uns Freud, das aus jenem Vatermord erwachsene »schöpferische« Schuldbewusstsein sei »unter uns nicht erloschen. Wir finden es bei den Neurotikern in asozialer Weise wirkend, um neue Moralvorschriften, fortgesetzte Einschränkungen zu produzieren, als Sühne für die begangenen und als Vorsicht gegen neu zu begehende Untaten.«[79]

Dieser Satz zeigt nun, wie brisant und aktuell Freud gerade heute wäre, wo die Aussage, Stoff X sei ungesund, fast gleichbedeutend ist mit: »Stoff X gehört verboten«. Es handelt sich um performative Sprechakte, Akte der herrschenden Sprache, der Sprache der Herrschenden. Freud hat sicherlich sich in seinen schlimmsten Albträumen nicht vorstellen können, in welch asozialer Weise Neurotiker politisch wirksam werden und immer neue Moralvorschriften in der Form von immer weitreichenderen gesetzlichen Einschränkungen der individuellen Lebensführung produzieren.

Der Staat löst den Vater als Patriarchen ab. Er hat ebenfalls einen Vatermord begangen, indem er die Väter aus Fleisch und Blut, fehlbar und bisweilen tyrannisch, aber menschlich und mit begrenztem Machtbereich, fast völlig entmachtet hat. Es ist der letzte Akt des tyrannischen Monotheismus. Der Eine Gott hat die vielen abgelöst, all die vielen, deren Priester zum Teil fürsorglich, zum Teil aber auch bösartig waren, aber keine umfassende Herrschaft aufbauen konnten und sich gegenseitig mehr oder weniger tolerieren mussten.

79 Sigmund Freud, *Totem und Tabu* (1913). Studienausgabe Bd. 9, S. 442.

Dieser Eine war so eifersüchtig wie rachsüchtig und oben-
drein herrschsüchtig, er duldete ... ̄fein anber Götter ̄fur ̄fic̄ ...
und somit stiftete er den Religionskrieg als Legitimation für
einen Aufbau zentraler Herrschaftsstrukturen. Dann haben
sich diese Herrschaftsstrukturen gegenüber den Religionen
weitgehend verselbstständigt. Als letzter Akt schaffen sie
die familiäre Konkurrenz ab und übernehmen unmittelbar
die totale Kontrolle über den Alltag der Menschen, die darum niemals erwachsen werden können. Das ist das System
des römischen *pater familias*, zusammengefasst in einer Institution: dem Staat. Er entlässt seine Schützlinge zu keinem
Zeitpunkt in die Unabhängigkeit.

Inzwischen sind »die Kontrollgesellschaften dabei, die Dis-
ziplinargesellschaften abzulösen« (Gilles DELEUZE [1925-
1995] in einer Notiz **1990**,[80] die geradezu nahtlos an den
Satz von FREUD aus dem Jahre **1913** anzuschließen scheint).
DELEUZE ist einer derjenigen der seinerzeit als »neu« apo-
strophierten Philosophen, die mit der Gleichsetzung von
Faschismus & Kapitalismus sowie Ablehnung des Liberalismus vorderhand sich weniger für eine libertäre Aneignung
empfehlen. (Jedoch wäre seine Kritik an der Psychoanalyse
einer genaueren Betrachtung in dieser Hinsicht zu unter-
ziehen.) Sein Begriff von der »Kontrollgesellschaft« scheint
mir hingegen hochaktuell zu sein.

Mit *Disziplinargesellschaft* bezieht er sich auf Forschungen
sowie diese auswertendende Theorien von seinem Freund
Michel FOUCAULT (1926-1984): FOUCAULT zeigte speziell
in »*Überwachen und Strafen*« (**1975**), wie der Staat mit be-
ginnender Neuzeit ein repressives System errichtet, in dem
der Körper für die geistigen Delikte (im Wesentlichen: für
Abweichungen) bestraft wird. Diese Systeme müssen immer
genügend Beispiele für Abweichungen produzieren, um an

80 Gilles DELEUZE, *Unterhandlungen*, Frankfurt/M. 2017, S. 254ff.

ihnen ihre Strafmacht exemplifizieren zu können und derart den Hauptteil der Bevölkerung durch die Angst in Schach zu halten. Mit der zunehmenden Durchsetzung dieser Überwachungs- und Strafsysteme wird es allerdings zunehmend weniger notwendig, die Repression tatsächlich körperlich umzusetzen. Die Drohung ◁ # ᚦ̆ᚦ̆ᚦᚦ̆ᚦ̆ ◁ reicht völlig hin. Der Gehorsam ist verinnerlicht, internalisiert.

Dann, **1990**, macht DELEUZE darauf aufmerksam, dass im Zuge der weiteren Verinnerlichung der repressiven Systeme diese ihren Charakter nicht nur quantitativ, sondern auch qualitativ verändern. Die Kontrolle löst die Disziplinierung ab. Wenn die Bevölkerung hinreichend bereit ist, den staatlichen Vorgaben zu folgen, geht es nicht mehr vornehmlich hierum, die möglichen Abweichler zu disziplinieren, vielmehr jedes Individuum so stark zu kontrollieren, dass Abweichungen gar nicht erst vorkommen & möglich sind. Eine Abweichung wird nicht mehr als Schuld des Individuums angesehen, das man aufgrund der Abweichung zurecht bestrafe, lieber als ein Versagen des Kontrollmechmannismus. Wir beobachten dies an den Reaktionen auch auf schwere Straftaten. Wenn etwa eine Mutter ihre Kinder tötet, richtet sich die Wut der Bevölkerung und die Tätigkeit der Staatsorgane nicht mehr vornehmlich gegen die Mutter, sondern wendet sich der Frage zu, warum das Jugendamt nicht rechtzeitig eingegriffen habe. Die staatlichen Organe müssen sich für diese *Impotenz* rechtfertigen & ihre Rechtfertigung gipfelt notwendig in einem Plan, wie »das Amt« so umzustrukturieren, so personell aufzustocken, so mit Zusatz-Kompetenzen und -Geldmitteln auszustatten sei, dass »derartiges« in Zukunft nie wieder passieren könne – und zwar nicht bloß dies eine Amt an diesem einen Ort, wo das Verbrechen geschehen ist, vielmehr alle Ämter im ganzen Land, am besten europaweit (an weltweiter Geltung arbeitet man bereits). Diese Tendenzen fasst DELEUZE in dem Begriff der permanenten Weiterbildung zusammen:[81] Die Institutionen achten weit weniger drauf, stabil und gleichbleibend zu sein, eher beständig sich zu erneuern und anzupassen. Genau dies wird auch von den Berufstätigen verlangt. Mit Abschluss der Ausbildung und der Erlangung ihrer Zugangsberechtigung sind sie nun keineswegs »fertig«, denn stets müssen sie sich weiterbilden. Damit aber ist ein entscheidendes Kriterium für das Erwachsensein aufgehoben. Die Menschen bleiben immer Lernende und damit immer unmündige Kinder. Sie bleiben immer der Prüfung, der Überprüfung und der Überprüfbarkeit unterworfen. Die Kontrolle über sie endet niemals. Nicht mehr herrscht die große Angst vor der Abiturprüfung, die für ein Leben zeichnet, aber auch abschließt mit dem der Prüfung sich einmalig unterworfen zu haben, zugunsten permanenter Prüfungsangst, die totale Kontrolle über das Individuum ausübt: *pater familias perennis.* Nun formiert sich eine »Sprache der Kontrolle«.[82]

In diesem Zusammenhang spricht DELEUZE in seiner Notiz von »ultra-schnellen Kontrollformen mit freiheitlichem Aussehen«.[83] Solches »freiheitliche Aussehen« wird durch zweierlei Maßnahmen sichergestellt. Zum einen dienen alle Kontrollformen angeblich dem Schutz und dem Wohl der Menschen, die bloß dann gegen die Kontrolle protestieren können, sofern sie böse und asozial sind. Und zum anderen bedienen sich die staatlichen Behörden zunehmend privater Agenturen, um bei der Kontrolle mitzuhelfen. Wir sehen das exemplarisch an den korporatistischen Verflechtungen,

81 Ebd., S. 257. Für bestimmte Berufsgruppen gibt es bereits ein Punktesystem zur Kontrolle ihrer permanenten Weiterbildungsbereitschaft.
82 Ebd., S. 258. (Zu einer gestalttherapeutischen Kritik an der »Kontrollpersönlichkeit« vgl. Peter PHILIPPSON, *Selbstwerdung* [2001], Berlin 2018: edition g. 406.)
83 Ebd., S. 257.

etwa von Staat und »Facebook«. Die Kontrolle der Inhalte wird nicht mehr mittels einer staatlichen Zensurbehörde durchgeführt, die als offensichtlich repressive Instanz der Meinungsfreiheit gegenübertritt und sie unterdrückt, vielmehr geht sie von dem Unternehmen aus.

Die Ideologie der Kontrollgesellschaft besteht darin, dass sie vorgibt, jegliches Risiko sei kontrollierbar, könne also durch geeignete behördliche Maßnahmen abgewendet werden oder eben durch Maßnahmen von privaten Agenturen, die die Behörde vertreten, mit ihr zusammenarbeiten und in ihrem Namen handeln. Mit diesem Muster der Legitimation ist der Staatsgewalt nun gar kein Limit mehr gesetzt, weil es niemand wagen kann, sich der Kontrollabsicht zu widersetzen, es sei denn, er wolle zynisch andere Menschen oder sich selbst dem Risiko von Armut, Krankheit oder Tod preisgeben. Hiermit wird eine jede Möglichkeit der Opposition unterbunden. Konkurrenz kann es bloß noch um die Frage geben, wer die weitergehenden Kontrollen anzubieten habe.

ANNOTAT 2

DIESSEITS DES LUSTPRINZIPS. — Im Angesicht seiner bevorstehenden Exekution bittet XI Kang um eine »*Qin*«, ein Saiteninstrument, das einer Zither ähnelt. Er komponiert ein Lied und geht gefasst in den Tod, bedauert bloß, dass das Lied nun gleich ihm in Zukunft ungehört bleibe. XI Kang, ein Stoiker? Wie die römischen Stoiker sieht XI Kang in der Leidenschaft den Schlüssel für die Probleme der Menschen. Aber XI Kang und seine sechs Freunde, die die legendären »Sieben Weisen vom Bambushain« bilden, üben sich nicht in Askese. Sie musizieren, trinken, haben 性別, führen offene Diskussionen, ohne sich dabei auf die Wiederholung hergebrachter Weisheiten zu beschränken; in jederlei Hinsicht verstoßen sie gegen die Normen der Lehre des herrschenden

87

Konfuzianismus. Jene »Leidenschaften«, denen Xi Kang sich entgegenstellt, sind nicht die täglichen und durch die Natur begrenzten Bedürfnisse, sondern sind unbegrenzte Gier nach Macht und nach gesellschaftlichem Ansehen. Die eigene Leidenschaft, das Streben nach Unsterblichkeit oder wenigstens einem jahrhundertelangen Leben, das er durch das Befolgen der daoistischen Alchemie und Ernährungslehre zu erfüllen trachtet, verführt ihn jedoch nicht, vor der Macht einzuknicken. Lieber geht er in den Tod, denn Ehrlichkeit gilt ihm als höchster Wert. Dreitausend jugendliche Anhänger sollen für ihn um Gnade gebeten, jeder einzelne angeboten haben, zugunsten von Xi Kang den Tod auf sich zu nehmen. Es half nichts; der Herrscher blieb bei seinem Urteil. Der Überlieferung nach hat er es später bereut.

Warum nun musste der antike Hippie Xi Kang (223-262) sterben? Seine Heimat war eins der »Drei Reiche«, in die China nach dem Ende der Han-Dynastie zerbrach, die Wei-Dynastie. Der amtierende Kaiser der Dynastie schwächelte bereits, der mächtige General Sima Zhao übte faktisch die Macht aus und begründete dann 265 die Jin-Dynastie. Sima wollte von dem Ansehen der »Sieben Weisen« profitieren, ein Ansehen, das sie jenseits von erstarrter »Bildung«, von Unterwerfung unter die konfuzianischen Rituale, von der Ausübung hoher Ämter erworben hatten. Xi diente er einen Posten in der öffentlichen Verwaltung an, den jener jedoch verwarf. Mit ätzender Ironie stellte Xi sich als *faul* und *verwahrlost* dar, ungeeignet fürs politische Amt. Die Tochter von Ruan Ji (210-263), einem anderen der Sieben Weisen, erkor Sima für einen der Söhne als Braut aus. Ruan war vorsichtiger als Xi und wies den Regenten nicht unmittelbar zurück. Stattdessen betrank er sich an jedem der sechzig Tage, für die Sima angereist war, um die Formalitäten der Hochzeit zu klären, sodass der Regent schließlich entnervt aufgab und abreiste, weil der Vater »nicht geschäftsfähig« sei. Man kann es sich vorstellen, wie gedemütigt General SIMA sich fühlte. Da eignete sich ein Familiendrama bei einem Freund von XI, um sich zu rächen. XIs Freund LÜ An hatte Streit mit seinem Bruder Xun, der mit Ans Frau Ehebruch begangen hatte. XI überzeugte An, nicht gerichtlich gegen Xun vorzugehen; dies bereits stellte eine Verletzung der geltenden Normen dar. Anstatt dankbar für die Schonung zu sein, beschuldigte Xun nun seinerseits An, die Mutter geschlagen zu haben. Daraufhin wird An verhaftet. XI eilt dem Freund zur Hilfe und wird ebenfalls unter Anklage gestellt. Sie lautet nun auf Hochverrat. Meist wird diese Geschichte verkürzt wiedergegeben, doch erst die genaue Betrachtung zeigt, was XI und sein Kreis am Konfuzianismus ablehnen, nämlich dass es weder um Recht noch um Wahrheit gehe, sondern ausschließlich um die Einhaltung alt hergebrachter Rituale. RUAN Ji war zwar, wie gesagt, vorsichtiger als XI und entging einer Anklage, starb aber ein Jahr später; aus Gram, wie ich mir vorstelle. In einem Gedicht fragte RUAN sarkastisch:

> Echt ätzendes Gefühl im Bauch
> das Gift des Hasses ausgebreitet
> Freund LÜ haben sie kassiert
> langsam wird's eng im Knast
> für Menschen, die Menschlichkeit suchen
> nungut, warum soll man klagen?[84]

Murray ROTHBARD nennt LAOZI (früher als LAO-TSE transkribiert) einen der ersten »libertären Philosophen«.[85] Zum

---

84 Meine Nachdichtung. Siehe ▷ S. 90-91 ▷
85 Murray ROTHBARD, *Für eine neue Freiheit: Kritik der politischen Gewalt* (1973/78), Bd. 1 (g. 102), S. 80. Man kann LAOZI auch dekonstruktivistisch lesen, vgl. Stefan BLANKERTZ, *Das illustre Maodeking* (edition g. 308).

skalieren, aufsteigen, treten | Höhe; Ihr, Euer |
angesichts, ankommen, überblicken | vier | (offenes, raues) Feld

Norden, Flucht | Vollmond, hoffen, starren | blau, grün, schwarz; jung |
Hügel[1] | (Präfix für Spitznamen); schmeicheln, weich

Pinie | Zeder[2] | Schirm, Schatten; Wasserfall |
Rücken, Grad, Kamm, (Grab-) Hügel | Hügelchen

Fliegen | Vogel | (Vogel-) Gezwitscher | gegenseitig, beobachten |
kreuzen, vorübergehen, Exzess, Verbrechen

fühlen, wahrnehmen, Emotion | stöhnen, bedauern |
denken an; (im) Herzen (tragen) | bitter | sauer

beschuldigen, (sich be-) klagen | Gift, böse |
immer, oft, häufig, allgemein | Härte, Schmerz | viel

Pflaume; (Eigenname)[3] | öffentlich, gerecht; Schwiegervater; (Adelstitel) |
traurig | Osten, Gast; Landherr | Tor, Tür

beleben, Thymian; (Eigenname) | Kind, (Diminutiv), Liebe; Herr |
eng, engstirnig | drei | (gelber) Fluss

erstreben, verlangen | human, Kernpunkt | (man) selbst |
bekommen, Dank; kriegen, Beute | human, Kernpunkt

was? | verdoppeln, komplex; zurück-, wiederkommen | luftholen |
erörtern, planen | seufzen

---

1 山阿 zusammen: grüner Hügel; das gute Leben

2 松柏 zusammen: **fig. 1** keusch und unbefleckt; **fig. 2** Grab

3 »LI« (*lǐ* 李) steht meines Erachtens statt »LÜ An« (*lǚ ān* 呂安), für
den XI Kang sich einsetzte; ein Engagement, das er 262 mit seiner
Hinrichtung zu zahlen hatte. Starb im Jahr darauf RUAN Ji aus Gram?

登高临四野，　dēng | gāo | lín | sì | yě
北望青山阿。　běi | wàng | qīng | shān | ā; ē
松柏翳冈岑，　sōng | bǎi | yì | gāng | cén
飞鸟鸣相过。　fēi | niǎo | míng | xiāng; xiàng | guò
感慨怀辛酸，　gǎn | kǎi | huái | xīn | suān
怨毒常苦多。　yuàn | dú | cháng | kǔ | duō
李公悲东门，　lǐ³ | gōng | bēi | dōng | mén
苏子狭三河。　sū | zǐ; zi | xiá | sān | hé
求仁自得仁，　qiú | rén | zì | dé | rén
岂复叹咨嗟。　qǐ | fù | tàn | zī | jiē; juē

aufgestiegen, nach allen seiten umsicht
den nördlichsten fluchtweg h|offen halten
steil verborgen zwischen den zedern
vorbeiziehende vögel schreien mich an
echt ätzendes gefühl im bauch
das gift des hasses ausgebreitet
freund LÜ³ haben sie kassiert
langsam wirds eng im knast
für menschen, die menschlichkeit suchen
nungut, warum soll man klagen

RUAN Ji: Zustandsbeschreibungen, #13 (edition g. 209)

Zeitpunkt des Todes von Xı Kang lag die Abfassung des LAOZI zugeschriebenen Werks »*Daodejing*« *(Tao Te King)*, dem Ausgangspunkt für den Daoismus, rund 700 Jahre zurück. Das zentrale Credo im »*Daodejing*« lautet »無為«, Nichttun: Trotz Nichttun bleibe nichts ungetan, wogegen das forcierte Tun stets misslinge. Dieses Credo wird auch und gerade für die Bereiche der Wirtschafts- und Sozialpolitik vertreten; der Historiker Christian GERLACH weist nach,[86] dass die europäische physiokratische Lehre des »*laissez faire*« unmittelbar auf die Beeinflussung durch das chinesische »wú wéi« zurückzuführen sei. Aus dem »wú wéi« folgerten die Daoisten eine politische und militärische Enthaltsamkeit, in ihrer Radikalität vergleichbar mit derjenigen des JESUS v. Nazareth. Während die anti-politische Haltung von JESUS geschichtlich neutralisiert wurde, indem Kaiser KONSTANTIN der Große ◁ S. 24f ◁ ihn umwandelte in einen römischen Kriegsgott, wurde aus Xı Kang kein JESUS, kein Märtyrer, kein Religionsstifter. Die chinesische Tradition bewahrt sein Andenken als eine Art von Gegengewicht zur Übermacht des Konfuzianismus.

Die politische Entwicklung von China bleibt zum Nachteil der Bevölkerung dem Konfuzianismus verhaftet. Als mann, um einen großen zeitlichen Sprung zu wagen, in der durch MAO Zedong angeordneten *Großen proletarischen Kulturrevolution* zwischen 1966 und 1976 die Elterngenerationen verhöhnte und verfolgte, stand dies zwar dem Ahnenkult des Konfuzianismus entgegen; die Pedanterie, mit der man die Einhaltung der angeblich revolutionären Rituale und die wortgetreue Rezitation der Worte des Großen Vorsitzenden einforderte, sowie die Härte, mit der auch die allerkleinsten Abweichungen von der Konformität mit dem Tod bestraft

---

86 Christian GERLACH, *Wu-Wei in Europe: A Study of Eurasian Economic Thought* (2005). http://eprints.lse.ac.uk/22479/1/wp12.pdf

wurden, liegen dagegen ganz auf der Linie des Konfuzianismus. Dass gleichwohl sich auch etwas vom daoistischen »wú wéi« als fernöstliche Version des kapitalistischen »*laissez faire*« erhalten hat, zeigt die Gewandtheit, mit welcher die Chinesen seit der Liberalisierung den wirtschaftlichen Aufschwung meistern. Das verdanken sie auch der daoistischen Tradition, für die XI Kang und sein ungerechter Tod stehen.

◉

Aber können wir, kann *ich*, chinesische Denke, chinesische Sprache, chinesische Lyrik, chinesische Philosophie, überhaupt die Sprache, die Denkweise, die Lyrik, die Philosophie in irgendeiner anderen als meiner eigenen Sprache und im eigenen Kulturzusammenhang verstehen? Es ist interessant, dass diejenigen, die von einer radikalen Differenz des östlichen vom westlichen Denken ausgehen, für sich selber in Anspruch nehmen, ganz im Bilde zu sein, was dort im ganz anderen Kulturraum gedacht werde, nämlich etwas gar *zu* Anderes als in unserem, dass wir es nicht erfassen könnten. Dabei zeigen sie sich meist ziemlich uninformiert über das Denken im eigenen Kulturraum und dessen erstaunliche Ähnlichkeit mit dem angeblich unverständlich Anderen im Osten, über die erstaunlichen Parallelen philosophischer Auseinandersetzungen. – Oder anders gesagt: Differenzen zwischen den unterschiedlichen Positionen (wie zum Beispiel Naturrecht *versus* Staatsraison) sind in Ost und West tiefgreifender als die Differenzen der geografischen Herkünfte. Jesus und Buddha sind verwandt wie Sima und Alexander. Zudem kann nur jemand mir vorwerfen, etwas oder einen Autor nicht verstanden zu haben, der für sich in Anspruch nimmt, ihn besser deuten zu können. Andernfalls würde es ihm gut anstehen, stattdessen skeptisch die Stirn zu runzeln und zu murmeln, »möglich, aber ich habe meine Zweifel« oder in sokratischer Manier darauf zu verweisen, dass er nur wisse, dass er nichts wisse. Wobei jenes historische Vorbild für diese gleichsam minoritische Ausdrucksweise sich nun ebenfalls als eigentlich Wissender darstellte & das angebliche Nichtwissen eher die manierierte Form des Understatements war, um letzten Endes doch als überlegener Weiser sich zu präsentieren.

◉

Es ist nichts dawider, das *Lesen* und Verstehen als schwierig oder auch fehleranfällig zu betrachten; es für unmöglich zu erklären, führt allerdings in den performativen Selbstwiderspruch ... Bei ▷ diesem Thema sei noch ein wenig verweilt ▷

◉

»SAMUEL sagte alle Worte des HERRN dem Volk, das von ihm einen König forderte, und sprach: ›Das wird des Königs Recht sein, der über euch herrschen wird: Eure Söhne wird er nehmen für seinen Wagen und seine Gespanne, und dass sie vor seinem Wagen herlaufen, und zu Hauptleuten über Tausend und über Fünfzig, und dass sie ihm seinen Acker bearbeiten und seine Ernte einsammeln und dass sie seine Kriegswaffen machen und was zu seinen Wagen gehört. Eure Töchter aber wird er nehmen, dass sie Salben bereiten, kochen und backen. Eure besten Äcker und Weinberge und Ölgärten wird er nehmen und seinen Großen geben. Dazu von euren Kornfeldern und Weinbergen wird er den Zehnten nehmen und seinen Kämmerern und Großen geben. Und eure Knechte und Mägde und eure besten Rinder und eure Esel wird er nehmen und in seinen Dienst stellen. Von euren Herden wird er den Zehnten nehmen, und ihr müsst seine Knechte sein. Wenn ihr dann schreien werdet zu der Zeit über euren König, den ihr euch erwählt habt, so wird euch der HERR zu derselben Zeit nicht erhören.‹ Aber das Volk weigerte sich, auf die Stimme SAMUELs zu hören ...« =heute? Aus: *Samuel* 8,11-18 (zitiert nach LUTHER, Revision 2017).

9

DERRIDA LIEST PAUL CELAN

»UNGESCHRIEBENES, ZU / SPRACHE VERHÄRTET.« — DAS ENDE DES KONSTRUKTIVISMUS IST DER BEGINN DER DEKONSTRUKTION. — *Wie* hat DERRIDA Deutsch gelernt?[87] Als DERRIDA 1981 das erste Mal auf Hans-Georg GADAMER (1900-2002) traf, den versierten Hermeneutiker, da hielt GADAMER einen Vortrag über Paul CELAN (1920-1970),[88] einen der verschlossensten Dichter überhaupt. GADAMER interpretiert CELAN in seiner Muttersprache und CELANs Verschlossenheit fordert den ganzen Scharfsinn des alten Mannes. Am Ende des Vortrags stellte DERRIDA einige Fragen an GADAMER, die GADAMER der Überlieferung nach etwas befremdeten und den gerade erste gestifteten Dialog für einige Jahre unterbrach, der dann doch zu einem ununterbrochenen Dialog wurde, wie es DERRIDA im Nachruf auf GADAMER formuliert. 1986 veröffentlichte DERRIDA die eigene Studie über CELAN, die um das Problem des *Datums* kreist. Hätte ich nicht fragen sollen, *wann* Jacques DERRIDA Deutsch gelernt habe? DERRIDAS CELAN-Studie beginnt mit dem Hinweis, dass, wie die Juden sagen, die Beschneidung »nur [bloß?] ein einziges Mal stattfinde«.[89] Das Erlernen einer Sprache findet nicht ein einziges Mal statt, man hat mit dem Erlernen der Muttersprache zwar begonnen, wird aber

87 Wie LYOTARD beurteilen? Mit der Frage beginnt DERRIDA die KAFKA-Lektüre in *Préjugés*. Seine CELAN-Lektüre findet sich in: *Schibboleth* (1986), Wien 2012.
88 Dokumentiert in: Jacques DERRIDA und Hans-Georg GADAMER, *Der ununterbrochene Dialog* (2003), Frankfurt/M. 2014.
89 Jacques DERRIDA, *Schibboleth*, S. 11.

niemals fertig, weder mit dem der eigenen noch dem einer fremden Sprache. Das Datum des Beginns ist nachrangig.

Die Undurchsichtigkeit von DERRIDA, ist das nichts als eine wörtliche Grippe? Wo[90] hat er sich angesteckt? 1967, im Anfang seines einflussreichen Essays *»La voix et le phénomène: Introduction au problème du signe de la phénoménologie de Husserl«* – *»Die Stimme und das Phänomen: Einführung in das Problem des Zeichens in der Phänomenologie Husserls«* –, schreibt DERRIDA, HUSSERL meine, »Anzeichen« würden »nichts ausdrücken, weil sie nichts befördern«. Er fügt es auf deutsch hinzu: sie seien »bedeutungslos« und »sinnlos«, sie seien »einer Bedeutung oder eines Sinns beraubt«. Derart macht DERRIDA das Wort *Anzeichen* zu einer Vokabel, die HUSSERL mit einer Bedeutung versehen durfte, abseits davon, dass es eine allgemeinsprachliche Bedeutung bereits hat. DERRIDA meint, »auf deutsch« könne man »ohne Widersinn sagen, dass ein Zeichen einer Bedeutung beraubt (**bedeutungslos, *nicht bedeutsam*) sei«.[91] Hierüber darf man als ein Deutscher getrost lachen.

In der Tat hat HUSSERL es so auch nicht gesagt in dem Text, auf den DERRIDA hier sich beruft. Wenn ich etwa Anzeichen einer Grippe bei mir verspüre, ist es möglich, dass ich glücklicherweise doch keine Grippe kriege. Bei der Verknüpfung von Anzeichen und dem, was das Anzeichen vermeintlich be-deutet, habe ich mich eben geirrt. Der Logiker HUSSERL schließt nun, dass das, was das Anzeichen be-deutet, nicht zur notwendigen Definition des Wortes gehöre. Zur notwendigen Definition des Wortes gehört allerdings, dass ich

90 Wieder frage ich nicht nach einem Datum: *Wann.*
91 Wenn hier kein Nachweis von Buch und Seite steht, so darum, weil auch DERRIDA sich weigert, uns zu sagen, wo genau er es bei HUSSERL liest. Etwas googln hat es an den Tag gebracht. Doch 1967 war's bedeutend schwieriger, die freie Assoziation DERRIDAS zu ergründen. (Die Worte mit **Stern* sind in DERRIDAS Text *deutsch.*)

der (wie sich herausstellt: fälschlichen) Meinung bin, es gebe eine Bedeutung, eine Verknüpfung. Andererseits könnte ich die Anzeichen auch richtig ge-deutet haben. Das Anzeichen schließt die faktische Bedeutung keineswegs aus.

Etwas anders verhält es sich bei dem Wort »Ausdruck«, den HUSSERL unter dem Oberbegriff *Zeichen* dem nur mittelbar über die subjektive Vermutung mit einer Bedeutung verknüpften »Anzeichen« zur Seite stellt als mit (objektiver) Bedeutung notwortig verbunden. Wenn ich also sage, dies Symptom sei »Ausdruck« meiner Krankheit, so gehe ich von einer objektiven Gegebenheit der Krankheit aus. Allerdings kann ich »auf Deutsch ohne Widersinn sagen«, das Symptom sei ein »Anzeichen« der Krankheit. Die Worte »Ausdruck« und »Anzeichen« unterscheiden sich in ihrer allklagssprachlichen Bedeutung zwar, jedoch überschneidet sich auch eine große Fläche ihrer Bedeutung, die für viele Fälle eine Ersetzbarkeit ermöglicht. Ganz zu schweigen davon, dass ich auch sagen kann, »Anzeichen« sei ein »Ausdruck« (statt ein »Wort«) für die vermutete Verknüpfung eines »Zeichens« mit einer Tatsache oder einem kommenden Ereignis.

DERRIDAS Dekonstruktivismus wird meist so paraphrasiert, dass DERRIDA der Sprache eine Bedeutung außerhalb ihrer selbst abgesprochen habe. Buchstäblich alles um uns herum sei Sprache, es sei in Sprache ausgedrückt und sei nichts als Sprache. Jede Aussage, jede Schlussfolgerung, jede Wahrheit könne auf seine sprachlichen Voraussetzungen hin aufgelöst, eben dekonstruiert werden. Am Ende bleibt nichts als das eine Datum, dass in einem Sprechakt ein Laut hervorgebracht oder ein Buchstabe aufs Papier gesetzt ward, mit dem Wirklichkeit *gesetzt* ist. Wäre DERRIDA aber, sofern diese Paraphrase zutreffen würde, nicht schlicht ein Konstruktivist, der da behauptet, die Wirklichkeit stünde für die willkürliche Schaffung durch performative Sprechakte zur beliebigen Verfügung? ◁ Vgl. # 5: **Unverfügbarkeit**, S. 35 ff ◁ Würde die Sprache *nicht* über sich hinaus verweisen auf eine überindividuelle, intersubjektive, sprachunabhängige Wirklichkeit, könnte niemand eine Fremdsprache erlernen und die Möglichkeit einer Übersetzung wäre nicht gegeben; vielmehr müsste man sich sogar fragen, wie es überhaupt möglich wäre, die Muttersprache zu erlernen.

Es mag Konstruktivisten geben, die nicht in der Lage sind, diese Schwierigkeit zu sehen, welche im Datum liegt, dass wir die Sprache erlernen, die eigene, und später fähig sind, fremde Sprachen hinzuzunehmen. Wichtiger Bezugspunkt der Philosophie von Derrida ist der Logiker und Phänomenologe Edmund Husserl, den er zwar in vielerlei Hinsicht auch kritisierte, dem er aber im Kern zeitlebens verpflichtet blieb. In seinem Hauptwerk, den »*Logischen Untersuchungen*«, entwickelte Husserl die Vorstellung von einer »reinen Grammatik«, einer Grammatik, die a priori sei, also der Erfahrung vorangehe.[92] Sicherlich erlernen wir jedwede Sprache durch die Erfahrung, in der derjenige von uns, der die Sprache beherrscht, demjenigen, der die Sprach erlernt, zeigt, was er meint, und mit der dazugehörigen Laut- oder Buchstabenfolge verknüpft. Dies System des Zeigens jedoch muss uns beiden vorgängig zugänglich sein, und dies bezeichnet Husserl als »reine Grammatik«.

Dass Übersetzungen nicht einfach sind, weiß nicht nur jeder, der sich einmal an einer Übersetzung versucht hat, sondern auch jeder, der einen fremdsprachigen Lieblingstext von einem Übersetzungsversuch missgestaltet vorfindet und der sich hierüber ärgert. Doch halt! Dieser angenommene Leser hat erstens die fremde Sprache erlernt, zweitens den

92 Edmund Husserl, *Logische Untersuchungen* (1901), Untersuchung IV im ersten Teil des zweiten Bandes (II.1). Auszug ▷ S. 100-101 ▷

Text in der fremden Sprache gelesen, ihn drittens auch verstanden (er selber meint das jedenfalls) und viertens eine Differenz zwischen seinem eigenen Verständnis und dem des Übersetzers festgestellt (d. h. zusätzlich zu drittens hat er die Intention des Übersetzers verstanden). Dieser Vorgang unterscheidet sich nicht vom Verstehen eines muttersprachlichen Textes bzw. von der Auseinandersetzung mit einer anderen als der eigenen Interpretation eines muttersprachlichen Textes. Müsste die konstruktivistische/konstpessimistische Hypothese konsequent also lauten, kein Text sei verstehbar? Bei allen Schwierigkeiten des Übersetzens vergisst die konstruktivistische Hypothese das Wunder, irgendeine fremde Sprache überhaupt verstehen und erlernen zu können. Wie stellen wir »Verstehen« fest? Zum Beispiel, indem wir beide zugleich die gleiche Fläche als »rot« identifizieren und zwar egal in welcher Sprache. Mit der Farbe sind wir bei der nächsten Nagelprobe des Konstruktivismus.

1969 führte Eleanor ROSCH linguistische Experimente bei den Dani in Neuguinea durch. Die Sprache der Dani kennt nur die Farbnuancen »dunkel« und »hell«. Farben in unserem Sinne sind also nicht zu bezeichnen. Die Dani, die an dem Experiment teilnahmen, machten unter farbigen Karten mit der gleichen Sicherheit solche von identischen Tönen aus wie amerikanische Studenten einer Vergleichsgruppe. Allerdings kam Debi ROBERSON 1999 mit einem ähnlichen Experiment bei den Berinmo, ebenfalls Neuguinea, zu dem gegenteiligen Ergebnis. Die Berinmo kennen fünf Farbworte. ROBERSON und ROSCH kritisieren sich gegenseitig für methodische Fehler. Was sollen wir daraus schließen? Dass bei jeder wissenschaftlichen Untersuchung genau das herauskommt, was vorher schon festgelegt ward? Dass sich die Experimentatoren ihre »Wirklichkeiten« so konstruieren, wie sie sie gerne hätten? Das größere, meines

Anzeichen und Ausdruck

Die Termini Ausdruck und Zeichen werden nicht selten wie gleichbedeutende behandelt. Es ist aber nicht unnütz zu beachten, daß sie sich in allgemein üblicher Rede keineswegs überall decken. Jedes Zeichen ist Zeichen für etwas, aber nicht jedes hat eine »Bedeutung«, einen »Sinn«, der mit dem Zeichen »ausgedrückt« ist. In vielen Fällen kann man nicht einmal sagen, das Zeichen »bezeichne« das, wofür es ein Zeichen genannt wird. Und selbst wo diese Sprechweise statthaft ist, ist zu beobachten, daß das Bezeichnen nicht immer als jenes »Bedeuten« gelten will, welches die Ausdrücke charakterisiert. Nämlich Zeichen im Sinne von Anzeichen (Kennzeichen, Merkzeichen u. dgl.) drücken nichts aus, es sei denn, daß sie neben der Funktion des Anzeigens noch eine Bedeutungsfunktion erfüllen. Beschränken wir uns zunächst, wie wir es bei der Rede von Ausdrücken unwillkürlich zu tun pflegen, auf Ausdrücke, die im lebendigen Wechselgespräch fungieren, so erscheint hierbei der Begriff des Anzeichens im Vergleich mit dem Begriff des Ausdrucks als der dem Umfang nach weitere Begriff. Keineswegs ist er darum in Beziehung auf den Inhalt die Gattung. Das Bedeuten ist nicht eine Art des Zeichenseins im Sinne der Anzeige. Nur dadurch ist sein Umfang ein engerer, daß das Bedeuten – in mitteilender Rede – allzeit mit einem Verhältnis jenes Anzeichenseins verflochten ist, und dieses wiederum begründet dadurch einen weiteren Begriff, daß es eben auch ohne solche Verflechtung auftreten kann. Die Ausdrücke entfalten ihre Bedeutungsfunktion aber auch im einsamen Seelenleben, wo sie nicht mehr als Anzeichen fungieren. In Wahrheit stehen also die beiden Zeichenbegriffe gar nicht im Verhältnis des weiteren und engeren Begriffes. Doch es bedarf hier näherer Erörterungen.

Von den beiden dem Worte Zeichen anhängenden Begriffen betrachten wir vorerst den des Anzeichens. Das hier obwaltende Verhältnis nennen wir die Anzeige. In diesem Sinne ist das Stigma Zeichen für den Sklaven, die Flagge Zeichen der Nation. Hierher gehören überhaupt die »Merkmale« im ursprünglichen Wortsinn als »charakteristische« Beschaffenheiten, geschickt die Objekte, denen sie anhaften, kenntlich zu machen.

Der Begriff des Anzeichens reicht aber weiter als der des Merkmals. Wir nennen die Marskanäle Zeichen für die Existenz intelligenter Marsbewohner [!], fossile Knochen für die Existenz vorsintflutlicher Tiere usw. Auch Erinnerungszeichen, wie der beliebte Knopf im Taschentuche, wie Denkmäler u. dgl., gehören hierher. Werden hierzu geeignete Dinge und Vorgänge, oder Bestimmtheiten von solchen, in der Absicht erzeugt, um als Anzeichen zu fungieren, so heißen sie dann Zeichen, gleichgültig ob sie gerade ihre Funktion üben oder nicht. Nur bei den willkürlich und in anzeigender Absicht gebildeten Zeichen spricht man auch vom Bezeichnen, und zwar einerseits im Hinblick auf die Aktion, welche die Merkzeichen schafft (das Einbrennen des Stigma, das Ankreiden u. dgl.), und andererseits im Sinn der Anzeige selbst, also im Hinblick auf das anzuzeigende, bzw. das bezeichnete Objekt.

Diese und ähnliche Unterschiede heben die wesentliche Einheit in Hinsicht auf den Begriff des Anzeichens nicht auf. Im eigentlichen Sinne ist etwas nur Anzeichen zu nennen, wenn es und wo es einem denkenden Wesen tatsächlich als Anzeige für irgendetwas dient. Wollen wir also das überall Gemeinsame erfassen, so müssen wir auf diese Fälle der lebendigen Funktion zurückgehen. In ihnen finden wir nun als dieses Gemeinsame den Umstand, daß irgendwelche Gegenstände oder Sachverhalte, von deren Bestand jemand aktuelle Kenntnis hat, ihm den Bestand gewisser anderer Gegenstände oder Sachverhalte in dem Sinne anzeigen, daß die Überzeugung von dem Sein der einen von ihm als Motiv (und zwar als ein nichteinsichtiges Motiv) erlebt wird für die Überzeugung oder Vermutung vom Sein der anderen. Die Motivierung stellt zwischen den Urteilsakten, in denen sich für den Denkenden die anzeigenden und angezeigten Sachverhalte konstituieren, eine deskriptive Einheit her, die nicht etwa als eine in den Urteilsakten fundierte »Gestaltqualität« zu fassen ist; in ihr liegt das Wesen der Anzeige. Deutlicher gesprochen: die Motivierungseinheit der Urteilsakte hat selbst den Charakter einer Urteilseinheit und somit in ihrer Gesamtheit ein erscheinendes gegenständliches Korrelat, einen einheitlichen Sachverhalt, der in ihr zu sein scheint, in ihr vermeint ist. Und offenbar besagt dieser Sachverhalt nichts anderes als eben dies, daß die einen Sachen bestehen dürften oder bestehen müssen, weil jene anderen Sachen gegeben sind. Dieses »weil«, als Ausdruck eines sachlichen Zusammenhanges aufgefaßt, ist das objektive Korrelat der Motivierung als einer deskriptiv eigentümlichen Form der Verwebung von Urteilsakten zu einem Urteilsakt.

Aus:

Edm. HUSSERL, Logische Untersuchungen (1901), II.1, I. § 1 & 2.

Wissens von keinem der beteiligten Forscher reflektierte Wunder ist, konstruktivistisch gesehen, dass sich diese Experimente überhaupt durchführen lassen: Ob Berinmo oder Dani oder WASP, man versteht sich. Selbstreflektion scheint das große Defizit philosophisch nicht aufgeklärter Wissenschaft zu sein.

Es gibt noch eine andere Möglichkeit. Genauso unsinnig wie die Vermutung, der Wahrnehmung (z. B. unserem Farbensehen) würde gar kein säch- oder gegenständliches oder objekthaftes Etwas als Realität oder Wirklichkeit zugrundeliegen, wäre die gegenteilige Behauptung, Konstruktionen, z. B. unsere Sprache, hätten nun gar keinen Einfluss auf das, *was*, vor allem *wie*, wir wahrnehmen. Selbstverständlich gibt die Sprache, die wir sprechen und in der wir denken, einen Rahmen vor, in welchem wir unsere Wahrnehmungen einordnen und interpretieren. Dass Sprache einen Einfluss auf das habe, was wir unsere »Realität« und unsere »Wirklichkeit« nennen, wird kaum überraschen.

Auch die Ausstattung unseres Wahrnehmungsapparates gibt einen solchen Rahmen vor. Ich erinnere mich, dass sich im Heizungsschacht meines Elternhauses Grillen angesiedelt hatten. Sie machten einen Radau, dass wir kaum in der Lage waren, uns normal zu unterhalten. Mein Vater allerdings war schwerhörig; das »laute« Zirpen der Grillen bewegte sich in einer für ihn unhörbaren Höhe; und aus diesem Grunde beeinträchtigte es seine Kommunikation nicht. Demnach gehörten sie nicht zu *seiner* Wirklichkeit. Gleichwohl war er selbstredend in der Lage, erstens die objekthafte Anwesenheit der Grillen dann wahrzunehmen, wenn er sie sehen konnte, zweitens das Prinzip ihrer Tonerzeugung zu verstehen, drittens die von ihr ausgehende Beeinträchtigung der Kommunikation der anderen Familienmitglieder nachzuvollziehen. Selbst das, was außerhalb der Wahrnehmungsmöglichkeit unserer Gattung liegt wie z. B. die von Haien mit ihren »Lorenzinischen Ampullen« wahrnehmbaren elektrischen Felder, können wir erschließen. Nur eine Konstruktion ohne eine ihr hinterlegte Wirklichkeit? Der Hai empfindet das anders ... und DERRIDA kann CELAN lesen. Wie? Indem er sich von CELAN *zeigen* lässt, was er meint.

⊙

Haben solche erkenntnistheoretischen Erwägungen irgend einen Sinn, *bedeuten* sie etwas? Oder sind sie Ergebnis der Spielwiese von nichtsnutzigen, mitunter aber hochbezahlten Philosophen (hochbezahlt, wenn sie es schaffen, im Staatsdienst unterzukommen)? Im Alltag, auch im politischen und gar im wissenschaftlichen Alltag spielt die Erkenntnistheorie anscheinend keine oder eine untergeordnete Rolle, man folgt der Annahme, dass die Realität die Wirklichkeit sei, dass man sie einigermaßen adäquat erfassen könne und dass man über einigen Einfluss auf sie verfüge. Irrtümer und Enttäuschungen kommen vor und nötigen zur Modifikation der Prämissen, der Methoden, der Ergebnisse, führen aber nicht zu einer generellen Verzweiflung, man sei nicht in der Lage, irgendetwas zu erkennen. Man mag jene Annahme pragmatisch nennen, um ihr einen edlen Namen zu geben, oder kleinmütig als naiv schelten, ohne sie lässt das Leben sich nicht leben, und auch keine Forschung auf relevanten Gebieten betreiben, sei es eine Aufklärung von Krankheitsursachen oder von gesellschaftlichen Fehlentwicklungen. Hier helfen, wenn überhaupt etwas, Methodenkritik und Verfeinerungen von Analyseinstrumenten auf einem viel niedrigeren Level der Kritik als ein erkenntniskritischer Rundumschlag. Nicht nur die gesellschaftlichen Kreise, die früher als *Stammtisch* abgetan wurden und heute in *Social Media* sich tummeln, befleißigen sich dementsprechend des Hohnes und des Spottes über eine Philosophie und Kritik, der sowohl Realitätssinn als auch gesellschaftlicher und ökonomischer Nutzen abgehe, sondern auch die Intellektuellen, die sich der Praxis anheimstellen.

Doch der Vorwurf der Naivität ist nicht bloß ein eitler Versuch, die eigene Überlegenheit mit der Arroganz zu kleiden, diktiert von Unsicherheit, möglicherweise reiche die Rolle der Philosophie nun doch nicht über den Hofnarren hinaus. Denn was gestern Philosophie war, ist heutre die Grundlage der Praxis. Wenn die Philosophie gestern statuiert hat, die Realität sei rundum sozial konstruiert und könne *al Gusto* geformt werden, sofern ein jeder in die gleiche Richtung denkt, wird heute alle Gewalt eingesetzt, um die Gleichschaltung des Denkens in die Tat umzusetzen. Nur dass dabei nicht mehr die Gewalt am Körper im Mittelpunkt der Instrumente steht, wie dies früher der Fall war und die Höhepunkte in STALINismus, HITLERismus & MAOismus erfuhr, sondern die strukturelle ökonomische Gewalt des Staats: Wer nicht spurt, dem wird die Existenzgrundlage entzogen. Nur im äußersten Notfalle setzt man Schusswaffen ein gegen die, die partout dies nicht verstehen wollen. Die ◁ Kontrollgesellschaft ◁ S. 84 ff ◁ schlägt zu. Die Philosophie half mit, sie vorzubereiten. Sollte sie am Ende impotent sich erklären dürfen, das, was sie anzurichten half, auch wieder zu einem Guten zu wenden? Sollte das Denken keinen Einfluss haben, was soll's; aber so=fern doch, sollten wir Denkenden denn nichts unversucht lassen?

Ob Philosophie nichts als ein Anzeichen gesellschaftlicher Entwicklungen ist, ob sie solchen Ausdruck verleiht oder ob sie sie auch prägt, steht noch auf einem anderen Blatt. Doch die Philosophen *tragen* eine Verantwortung ... ¿oder nicht? Die Nagelprobe für uns ist **1933**. In anderen Teilen der Erde sei es **1917** oder **1949** oder **1975** oder **1984** ...

¡Venceremos, ROTHBARDeros!

10

DIE JACQUESTION

**DAS MÖGLICHE NICHT ANS WIRKLICHE VERRATEN. —
1933** war der Gestaltpsychologe Wolfgang KÖHLER (1887-
1967) der einzige (!) nicht-jüdische Psychologie-Professor,
der Protest einlegte gegen die Entlassung seiner jüdischen
Kollegen. Gegenüber seinem jüdischen Mitarbeiter Kurt
LEWIN (1890-1947), der es vorzog, von einem Auslands-
aufenthalt in den USA nicht zurückzukehren, bedauerte
er dessen Entscheidung. LEWIN schrieb einen Antwortbrief
(den er aber nicht absendete oder der verloren ging, jedenfalls sich bloß als eine Abschrift im LEWIN'schen Nachlass
fand). Dieser Brief enthielt eine Beschreibung, wie es war, in
Deutschland aufzuwachsen und den ständigen, wenn auch
oft nur unterschwellig stattfindenden anti-semitischen An-
feindungen ausgesetzt zu sein.[93] Kurze Zeit später, 1935,
folgte KÖHLER ins US-amerikanische Exil.

... anders Martin HEIDEGGER (1889-1976). Er protestierte
nicht gegen die Demütigung von seinem Lehrer Edmund
HUSSERL, dem der nationalsozialistische Staat die Professur
entzog, obwohl er bereits emeritiert war, also gar nicht mehr
lehrte. Berüchtigt ist seine von der nationalsozialistischen
Idee durchtränkte Antrittsrede zum Rektorat in Freiburg
1933: *»Die Selbstbehauptung der deutschen Universität.«*
Kann man diese noch als feigen Opportunismus auslegen,
so gibt es eine weitere Begebenheit, die mir weit schlimmere

---

93 Dokumentiert in: Psychologie Heute, Juni 1981, S. 50ff; englisch in:
L. T. BENJAMIN, Jr. (Hg.), *A History of Psychology in Letters* (1993), Malden,
MA 2006, S. 174ff. Ausschnitt ▷ S. 106-107 ▷

Kurt LEWIN
an: Wolfgang KÖHLER, Mai **1933**

[…] Ich habe auf der Bahn in Sibirien, als ich von der ganzen Härte der Geschehnisse [in Deutschland] noch nichts wusste, […] die Punkte zusammengestellt […], die ein Weiterleben in Deutschland als hoffnungslos erscheinen lassen. Der Gedankengang schien klar, eindeutig, ja unwiderleglich und doch habe ich am Schluß dieser Auseinandersetzung hinzugefügt, daß sich trotz allen Vernunftgründen alles in mir dagegen aufbäume, Deutschland zu verlassen. Solche Neigung gegen alle Vernunft, gegen alle Anforderungen primitivster Selbstachtung und Moral nennt man ja wohl Liebe. […] Die Reise durch Amerika, Japan und Rußland hat mir gerade jetzt viele Beziehungen besonders bewußt und klar gemacht. Ich glaube von mir sagen zu können, daß wenigstens seit dem [ersten Welt-] Krieg nichts mehr von jener Scham über das eigene Judentum in mir war, die aus dem konzentrischen Druck der Umwelt hervorgegangen, das Leben ganzer jüdischer Generationen vergiftet hat. Ich glaube, daß mir die Reise ein Gefühl für Grad und Maß menschlicher Gleichheit und Verschiedenheit der Völker und Lebensstile gegeben hat. Ich habe gesehen, wie sehr der amerikanische Jude Amerikaner, der deutsche Jude Deutscher, der russische Jude Russe ist. Anlage und Schicksal, nicht zuletzt die seit vielen Generationen bestehende Notwendigkeit für den Juden, mehr zu leisten als andere, wenn er Gleiches erreichen wollte, haben in Deutschland dazu geführt, daß unter den führenden Wissenschaftlern ein relativ hoher Prozentsatz Jude ist. Obschon den 600 000 Juden in Deutschland etwa 3 Millionen Juden in Amerika gegenüberstehen, gibt es dort auch unter den Juden nicht jene der deutschen Wissenschaft eigentümliche spezifische hohe Leistung. Es liegt mir gewiß völlig fern, die spezifisch jüdischen Eigenschaften der Juden der ganzen Welt zu leugnen oder zu schmälern. Eigentümlichkeiten, die ich in ihren Hauptzügen durchaus bejahe und hoch einschätze. Aber Lebensstil und Kultur, das scheint mir gerade das amerikanische Beispiel zu zeigen, bleibt doch – sagen wir zu 85 Prozent – jenem Lande zugeordnet, in dem die letzten Generationen aufgewachsen sind. […]

Ich glaube, daß es für einen Nicht-Juden fast unmöglich ist zu ermessen, was Jude-Sein selbst unter der liberalen Ära der letzten vierzig Jahre für die einzelne Person bedeutet hat. Es gibt wohl wenige jüdische Kinder einer Generation, die nicht zwischen ihrem 6. und 13. Jahre ganz plötzlich ohne irgendwelche voraussehbare Veranlassung in diffamierender Weise aus der natürlichen Gruppe der Mitschüler ausgesondert, geschlagen, verächtlich gemacht worden sind. Diese periodisch immer wiederkehrenden, sei es von den Lehrern, sei es von den Schülern, sei es von irgendwelchen Menschen auf der Straße ausgehenden Erlebnisse, die dem jungen Kinde den Boden unter den Füßen entziehen, die jede Möglichkeit einer sachlichen Diskussion oder sachlichen Beurteilung abschneiden, es auf sich selbst zurückwerfen, die alle natürlichen Stützen als völlig trügerisch erscheinen lassen und die das junge Menschenkind zwingen, von vornherein in einer zwiespältigen Welt von Schein und Wirklichkeit zu leben, diese immer wieder hereinbrechenden Erlebnisse vermögen nur wenige Kinder zu überstehen, ohne ernsthaften Schaden an ihrem natürlichen Wachstum zu erleiden. […]

Mein jüngster Bruder, ein richtiger Landwirt und Sportsmann, hat sich [während des ersten Weltkrieges] als Unteroffizier von den reitenden Jägern zu den Fliegern gemeldet und die Prüfung bestanden. Ich habe meinen Bruder während des Krieges nur einmal an der Front getroffen. Da hat er mir erzählt, wie der General ihn nach der Prüfung hat zu sich kommen lassen und ihm gesagt hat, daß es ihm sehr leid täte, ihn nicht annehmen zu können, trotzdem er ihn persönlich sehr hoch schätze. (Das Fliegercorps war damals besonders antisemitisch.) Mein Bruder hat ihm darauf ins Gesicht gesagt, er wüßte nicht, ob er das nächste Mal die Handgranaten nach der einen oder der anderen Seite werfen würde, und der General hat ihm, statt ihn ins Gefängnis zu setzen, nur geantwortet, daß er das verstünde. Wenige Monate später ist mein Bruder gefallen. Man hatte seine Division nach dem großen französischen Durchbruch an der Marne (August '18) als eine Art verlorener Division in die Lücke geworfen. Er war Maschinengewehrführer und ist, nachdem schon alle seine Leute geflohen waren, bei dem Maschinengewehr geblieben, bis er aus wenigen Metern Entfernung erschossen wurde. Sein Tod ist wie ein Symbol des Ringens der deutschen Juden in Deutschland (»trotz alledem«), aber mir dünkt es heute zweifelhaft, ob bei der Qualität und der politischen Moral Deutschlands ein solches Ringen einen Sinn hat und den Tod eines solchen Jungen wert ist. […]

Dokumentiert in:
Psychologie Heute, im Juni 1981.

Schauder über den Rücken jagt: 1938 ergriffen einige mutige Hochschullehrer die Initiative, mit welcher sie eine Wiedereinsetzung des **1933** zwangspensionierten neukantianischen Pädagogen Professor Richard HÖNIGSWALD (1875-1947) befürworteten. Das Bayrische Kultusministerium war sich in dieser Sache nicht sicher und ließ bei dem renommierten, der nationalsozialistischen Sache treu ergebenen Professor HEIDEGGER nachfragen, was von HÖNIGSWALD zu halten sei. Es war eine offene Frage. Von der Antwort HEIDEGGERS hing, so weit es seine Position im nationalsozialistischen Staat betrifft, nichts weiter ab; das heißt, hätte er *für* HÖNIGSWALD votiert, wäre ihm daraus keinerlei Nachteil erwachsen. Die Denunziation HÖNIGSWALDs durch HEIDEGGER ist, gelinde gesagt, ein Armutszeugnis für HEIDEGGER. HÖNIGSWALD komme »aus der Schule des Neukantianismus, der eine Philosophie vertreten hat, die dem Liberalismus auf den Leib zugeschnitten ist«, schrieb HEIDEGGER. Besonders hebt er hervor, dass »gerade HÖNIGSWALD die Gedanken des Neukantianismus mit einem besonders gefährlichen Scharfsinn und einer leerlaufenden Dialektik verficht. Die Gefahr besteht vor allem darin, dass dieses Treiben den Eindruck höchster Sachlichkeit und strenger Wissenschaftlichkeit erweckt und bereits viele junge Menschen getäuscht und irregeführt hat. Ich muss auch heute noch die Berufung dieses Mannes an die Universität München als einen Skandal [*sic*] bezeichnen, der nur [*sic*] darin seine Erklärung findet, dass das katholische System solche Leute, die scheinbar weltanschaulich indifferent sind, mit Vorliebe bevorzugt, weil sie gegenüber den eigenen Bestrebungen ungefährlich und in der bekannten Weise >objektiv-liberal< sind.«[94]

94 Siehe bei: Reinhold ASCHENBERG, *Ent-Subjektivierung des Menschen: Lager und Shoah in philosophischer Reflexion*, Würzburg 2003, S. 121f. Und in der HEIDEGGER-Gesamtausgabe Bd. 16, Frankfurt/Main 2000, S. 132.

An dem Schreiben HEIDEGGERS zeigt sich die Wahrheit der anarchistischen Psychologie der etatistischen Haltung, wie nämlich die Aussicht korrumpiert, mit einer Teilhabe an der Staatsgewalt Konkurrenten ausschalten zu können. Und mit was für widerlichem Erfolg: Wer schon kennt noch Richard HÖNIGSWALD, der 1939 emigrierte? DERRIDA aber hielt's mit HEIDEGGERS gnadenloser Eigentlichkeit. Die Wunde, die die Herrschaft des Nationalsozialismus in die deutsche Geistesgeschichte hieb, ist durch keine »Entnazifizierung« geheilt worden.

Kurz nach dem zweiten Weltkrieg, 1947, schrieb der stark durch HEIDEGGER beeinflusste französische Philosoph Maurice MERLEAU-PONTY (1908-1961) eine zweibändige Verteidigung des Stalinismus, dessen Terror er eine höhere Art von Gerechtigkeit und eine Notwendigkeit im Kampf gegen den Nationalsozialismus zu-schrieb. Die Moskauer Schauprozesse von **1938** hätten, so behauptet es MERLEAU-PONTY, zum Sieg im Kampf gegen HITLER beigetragen[95] und mit der Okkupation der osteuropäischen Länder durch die Rote Armee wären »Reformen« [*sic*] gekommen, auf die die Menschen in jenen Ländern ein Jahrhundert lang warten mussten.[96] Dass er selber keine der Säuberungen überlebt hätte, hätte er sich zu irgendeinem Zeitpunkt von STALINS Regentschaft in der UDSSR oder deren Herrschaftsbereich aufgehalten, reflektiert er mit keinem Wort.

Einige wenige Beispiele als Material für das Thema: Warum begeben sich so viele Philosophen in das Fahrwasser von diktatorischen Weltanschauungen, seien sie nun »rechts« oder »links«? (N.B.: Ich gebrauche die Kennzeichnungen »rechts« und »links« im Übrigen, da sie ja jeglicher Eigen-

95 Vgl. Maurice MERLEAU-PONTY, *Humanismus und Terror* (1947), Frankfurt/M. 1968, Band 1, S. 87.
96 Ebd., Band 2, S. 67. Vgl. DDR, 17. Juni 1953 ... Ungarn, Herbst 1956 ...

Im Krieg

Es gilt für die einzelnen, gleichviel welche Stellung sie bekleiden, wie für die Nationen: keiner ist schuldig, alle sind schuldig. Alle – auch wir sind schuldig. Noch mehr und das Höchste gesagt: selbst BUDDHA, selbst JESUS von Nazareth, der Friedens- und Gleichheitskünder, sind von der Mitschuld an dem Furchtbaren, das die Menschheit sich selber antut, nicht freizusprechen. Zu billig, zu billig, von den andern, von den Völkern zu sagen: sie haben Ohren und hören nicht; tiefer als es je geschehen ist, muß die Menschheit erschüttert werden. Nicht sagen: sie wollen nicht hören; nur sagen: wir haben allesamt noch nicht recht gesprochen; wir haben noch nicht recht getan. Wir alle nicht, von jeher. (In: **Der Sozialist**, 10. 08. 1914.)

▽

Aber immerhin, vorläufig melden sie sich schon in allen Tageszeitungen, die Philosophen, die funkelnagelneu die Entdeckung gemacht haben, daß es eine erhabene und große Sache sei, für eine Gemeinschaft das Leben zu lassen. Der alte HORAZ hat es auch schon verkündet, und noch früher hat man's ebenso gut gewußt und besser bewährt; denn es hat nicht gerade den Anfang der glorreichsten Zeit römischen Wesens bedeutet, als der Hofdichter den Tod fürs Vaterland just in dem Zeitpunkt besang, wo die alten Deutschen in der Hermannschlacht das kaiserliche Rom besiegten. Aber es war, sagt man uns, in Vergessenheit geraten, und der Schwung, der jetzt durchs deutsche Volk geht, hat es unsern Denkern und Dichtern wieder beigebracht, daß es eine Sache gibt, für die es sich lohnt, mit Todesverachtung zu leben. Nicht wahr, so meinen sie's doch, die Philosophen, Dichter, Forscher, Professoren und Zeitungsschreiber: eine Sache wollen sie auch fernerhin haben, für die sie bereit sind, mit Todesverachtung Tag um Tag zu arbeiten? […]

So meinen sie's doch? Nun, dann sei ihnen etwas verraten, auch etwas Altes, das sie bloß nicht wußten, nicht wissen wollten und mit Vergessen überpolstert hatten: sie selber, diese Philosophen und Dichter, haben längst und schon immer eine solche Sache, und hatten nur bisher beschlossen, keine zu haben. Allerdings ist's nicht eine, die gleich massenhaft daherkommt; und auch dafür, daß sie behördlich konzessioniert sei, kann völlige Bürgschaft nicht für alle Zeiten übernommen werden. […]

Eines freilich macht bedenklich, ob ihnen den künftigen Krieg für die Idee auch nur zu verkünden und zu verherrlichen so leicht fallen wird wie den jetzigen Krieg zur Verteidigung ihres vaterlän-

Gustav LANDAUER … Anarchist, Jude, Meister-Eckhart-Fan, Zionist … Freund Martin BUBERS …

dischen Staatswesens. […] Über unsere neuen Propheten kam die Begeisterung und Entschlossenheit vielmehr […] erst […] nach der Kriegserklärung der Regierungen. […] Ist es so ganz sicher, daß diese hinkenden Führer des Geistes, die mehr den Eindruck von Marodeuren als von Pionieren machen, nicht dann, wenn erst die Regierungen Frieden schließen, aufs Haar und auf die Glatze die nämlichen sein werden, die sie waren, ehe die Regierungen bekannt gaben, daß nun der Krieg über die Völker und über die Stimmung der Geistigen kommen solle […]?

▽

Daß »der Krieg der Vater aller Dinge« sei, hat ein alter Weiser gesagt; ihr wißt es gut, da ihr jetzt alle brauchbaren Zitate der Philosophen mit der Wurzel ausrauft, um sie auf die Massengräber unsrer Krieger zu pflanzen; bedenkt das Wort nur auch, wenn es bald gilt, es in seinem echten Sinne auf den Kampf des Geistes anzuwenden und eure Sehne zu spannen, ihr Bogenschützen der Möglichkeit und A-B-C-Schützen der Verwirklichung! Am Ende könnten die Philosophen von HERAKLEITOS bis NIETZSCHE euch ein anderes Streiten und andern Angriff mit klingendem Spiel zugemutet haben, als ihr jetzt meint; vielleicht ist auch eure Kriegsbegeisterung nur die verkappteste Form eurer verruchten Bequemlichkeit, ihr Literaten; und vielleicht hat euch JESUS Christus, als er sprach, er sei nicht gekommen, den Frieden zu bringen, sondern das Schwert, eher den Krieg gegen euch, ihr Schriftgelehrten und Pharisäer, im Sinne gehabt, als den gegen die Franzosen. Es könnte doch sein – […]

Denket, gedenket der Toten! Wisset und fühlet, die ihr Führer zum Reich des Geistes zu sein noch mehr den Beruf habt als Gefolge des Deutschen Reiches, wisset und fühlet am Totensonntag und an Allerseelen und an jeglichem Tag dieses Jahres 1914, das Bußtage des Geistes hat, so viel an Tagen noch übrig sind, daß die wahren Schlachten der Völker im Unsichtbaren geschlagen werden und daß nicht Haß und Gewalt sie schlagen, sondern Liebe und Arbeit; daß nicht Menschen gegen Menschen sie kämpfen, sondern Menschen gegen Gespenster; daß in ihnen nicht Massen gegen Massen fallen, sondern Einzelne gegen die Massen und für die Menschheit.

(In: **Der Sozialist**, 20. 10. 1914.)

Wer ist dieser »**Der Sozialist**«? **Gustav LANDAUER** (*1870), ermordet am 2. Mai **1919** durch Angehörige eines Freicorps nach der Niederlage der »Münchner Räterepublik«.

111

bedeutung entbehren, so, wie es herrschender Konvention entspricht. Die Frage, ob der Nationalsozialismus »eigentlich« links oder auch der Stalinismus »eigentlich« rechts gewesen sei, ist sinnlos und unentscheidbar.)

Bei HEIDEGGER ist das Motiv, opportunistisch den eigenen Posten zu sichern und darüber hinaus die Staatsgewalt einzusetzen, um missliebige Konkurrenten auszuschalten, besonders deutlich. Dem vorgelagert scheint mir das Motiv zu sein, sich politisch für eine Seite zu entscheiden. Die Gegenwart wird als durch polare Mächte beherrscht angesehen, von denen man die gute Seite wählen müsse, koste es, was es wolle. In abgeschwächter Form haben wir dieses Phänomen der Nötigung zur Parteiergreifung bei sogenannten Lager- oder Blockwahlkämpfen in den parlamentarischen Demokratien.

Von heute aus gesehen kann man fragen, warum MERLEAU-PONTY, wenn er denn den Totalitarismus weder in der Form des Nationalsozialismus noch in jener des Stalinismus hätte wählen wollen, sich nicht für die westliche Demokratie entscheiden konnte. Diese Frage ist allerdings auch geschichtsvergessen, da das britische Empire, das die »Demokratie« verteidigte, verantwortlich war für viele Millionen Tote zum Beispiel im Zuge der Niederschlagung eines Aufstandes in Indien Mitte des 19. Jahrhunderts;[97] im ersten Weltkrieg betrieb das Empire eine Politik von Aushungerung der Be-

---

[97] »Sepoyaufstand« 1857, möglicherweise der zahlmäßig größte Völkermord der Menschheitsgeschichte; Schätzungen gehen von vielen Millionen Opfern aus. Die weit höhere Opferzahl im von MAO Zedong verordneten »Großen Sprung nach vorn« gilt nicht als ein Völkermord, weil das Verbrechen des Staats sich hier auf das gesamte eigene Volk bezog (so wie das auch beim Regime der Roten Khmer der Fall war, die möglicherweise Anspruch darauf erheben können, dass ihr Staat die relativ meisten Opfer in der eigenen Bevölkerung auf dem Gewissen habe, den je ein Staat forderte; wenn man beim Staat von Gewissen sprechen darf). STALINs Holodomor gegen die Ukraine, der ebensoviele Opfer forderte wie die Judenvernichtung

völkerung in Persien (eine Politik, die später von STALIN, von MAO und von MENGISTU kopiert wurde) mit Millionen an Opfern, und noch während der 1950er Jahre folterte das in Auflösung begriffene Empire hunderttausende Mau-Mau-Aufständische in Kenia. Nein, es gibt keine ethische Überlegenheit, sich für dies System zu entscheiden.

Besteht demgegenüber nicht das einzige Schutzschild wider die Vereinnahmung durch die Nötigung zu einer »Parteiergreifung« *(Entscheidung!)* für den Beelzebub, um den angeblichen Teufel auszutreiben, darin, nach einem Wort von Theodor W. ADORNO, das Mögliche nicht an das Wirkliche zu verraten?[98]

> Von nun an fordert jedwedes Ding Entscheidung
> und alles Tun Verantwortung.
> Heil Hitler!
> Martin HEIDEGGER, *Rektor*

HEIDEGGER schändet selbst die Begriffe der Verantwortung und Entscheidung. Was bleibt von den DERRIDA-Lektüren? DERRIDA stellt in seiner *Denk*obstruktion das Problem der Gewalt, ohne in die Naivität zu verfallen, dass Gewalt sich in einem konstruktivistischen Sinne »abschaffen« lasse, da dies Abschaffen-Wollen seinerseits ein Akt der Gewalt wäre. Während er uns allerdings die Gewalt des Denkens im All-

durch den nationalsozialistischen Staat ein Jahrzehnt später, war Völkermord. Die Judenvernichtung durch den nationalsozialistischen Staat allerdings kennzeichnete zusätzlich die Besonderheit, dass hier die Trennung der Völker, die Konstitution der Juden als »das andre Volk«, mittels Antisemitismus erst hergestellt werden musste, da sich die Juden als Deutsche, Polen usw. sahen und zumeist auch als solche gesehen wurden, während ihre subkulturelle Eigenheit keinen höheren Stellenwert besaß als den bei den übrigen religiösen Gruppierungen wie Katholiken, Protestanten usw. (Oder doch nicht? ◁ S. 106-107 ◁) Zum Empire ▷ S. 114-115 ▷
98 Theodor W. ADORNO, *Zur Metakritik* ... [vgl. Fn. 66], S. 201.

Kolonialverbrechen
des brit. Empire

1

Indischer oder Sepoy-Aufstand, Indien, 1857. Die Aufarbeitung beginnt gerade erst, die Ausmaße der Opfer aufzudecken. Bis zu etlichen Millionen reichen die Schätzungen.

2

Zweiter Burenkrieg, 1899-1902. Das britische Militär erfindet das Instrument des Konzentrations-Lagers. Auch kommt ein Teil der burischen Zivilbevölkerung ums Leben.

3

Persien (Iran) von 1917-1919. Im ersten Weltkrieg überfallen der britische, russische und türkische Staat das Land. In der folgenden Hungersnot stirbt fast die Hälfte der Bevölkerung. Der Anteil, den die Okkupanten an dieser Katastrophe haben, wird von ihren »Erben« heruntergespielt.

4

Massaker von Amritsar, oder Jallianwala-Bagh-Massaker, Indien, am 13. April 1919. Die britischen Soldaten umzingeln friedliche Demonstranten und schießen in die Menge.

5

Aufstand im Irak von 1920. Die »Royal Air Force« fliegt Einsätze von tausenden an Stunden, wirft viele Tonnen Bomben & feuert unzählige Schüsse ab.

6

In Bengalen (Indien) kommt es 1943 zur Hungerskatastrophe mit gigantischem Ausmaß. Die Kolonialherrn fühlen sich jedoch weder verantwortlich noch zuständig.

7

Die Malayan Emergency, 1948. In dem Rahmen der Abwehr eines pro-kommunistischen Aufstands werden auch völlig unbeteiligte indigene Völker von den beiden Seiten zur Parteiergreifung gezwungen. Die britischen Besatzer internieren Völker, die sich ihnen verweigern. (Die Aufständischen begehen, wohlgemerkt, ebenso Verbrechen an diesen Völkern.)

8

Mau-Mau-Krieg in Kenia, 1952-1960. Die Folter ist an der Tagesordnung. Letztes Aufzucken des Kolonialismus vorm endgültigen Scheitern.

9

Zypern 1955-1959. Ein planloses Agieren in einem sinnlosen Konflikt mit der Folge, dass er schier endlos wird.

10

Aden Emergency, oder Radfan-Aufstand, Jemen 1964-1967. Als Amnesty International 1966 die Verbrechen anprangert, müssen die Überreste des Empires sich zurückziehen.

Salvatorische Klausel

Diese Liste erhebt keinerlei Anspruch auf Vollständigkeit. Vor allem ist sie nicht dazu gedacht, Verbrechen der andren Kolonialmächte, Imperialisten & weiterer Staaten zu relativieren oder zu schmälern. Im Gegenteil, sie soll zeigen, dass die staatlichen Verbrechen viel umfangreicher sind, als das Bemühen, sie auf wenige Ausnahmen sowie diktatorische oder totalitäre Systeme zu beschränken, uns glauben macht …

P. S.

Was in dieser Liste gänzlich fehlt, sind all die katastrophalen und kriegerischen Folgen der willkürlichen & dysfunktionalen Grenzziehungen des britischen Empire in seinem Herrschaftsbereich. Sie stiften Unheil und richten Elend an bis heute.

gemeinen und der Metaphysik im Besonderen plastisch vor Augen führt, versäumt er es dagegen, die *herrschende* Gewalt zu dekonstruieren, wie die MARX-, KAFKA- und BENJAMIN-Lektüren zeigen. So auch seine HEIDEGGER-Lektüre. Wenn er in der Diskussion mit GADAMER und Philippe LACOUE-LABARTHE (1940-2007) 1988 diesen beipflichtet, dass der Sündenfall von HEIDEGGER und dessen Nicht-Widerrufen in seiner Vision, seinem Engagement, seinem Glauben an die Revolution gründe, um sein Schweigen verständlich zu machen, wenn nicht gar zu entschuldigen,[99] vergessen alle drei das wesentliche Element darin: Gerade in der Vision, im Idealismus verbirgt sich das Problem: das Wollen, diese Vision zu verwirklichen und zwar mit Staatsgewalt. Hierin unterscheiden die Visionen sich nicht, egal ob Kolonialismus, Imperialismus, Bolschewismus, Nationalsozialismus oder die Demokratie, die von der liberalen in die totalitäre sich verwandelt, sich der allgemeinen Kontrollgesellschaft übergibt.

»Was bleibt von den DERRIDA-Lektüren?« Die Fragen, die RÜCK*fragen*. Ich glaube, diese Quintessenz gefiele ihm.

◉

Jacquestion · derristda zur Wordnung · *frag*ENDE Logosurfer Sturm auf die Quæstille · LOGOde · ASKING · GRAMantik Logopium · HALLu- versus Logozentrismus · Logopitaph auf den Logobrecher ¡HUCH, das schlechthin Notwortige tun! da die schlimmsten Logozentricker die Logozentrismuskritiker sind · in der Sinnlichkeit aber begegnet man Gottes Logos Logos, das Wort, ist Vermittler aller Gaben und ohne ES sei alles nichts · lakidare Logonstruktion, postwortem · *frug*ALL

99 Vgl. Jacques DERRIDA, Hans-Georg GADAMER, Philippe LACOUE-LA-BARTHE, *Heidegger: Philosophische und politische Tragweite seines Denkens. Das Kolloquium von Heidelberg* (1988), Wien 2016, u. a. S. 79, S. 70f.

INDEX

Opferberücksichtigungsstatistik

100 Personen werden insgesamt genannt, darunter

25 Jüd*innen (*min.*)

7 Asiat*innen

6 Frauen (*exkl.* der Mitglieder von »7 Year Bitch«
sowie einer kryptischen Anspielung)

6 LGBTQIA (*min.*)

5 Lateinamerikaner*innen

2 Latina*os (USA)

1 Schwarzafrikaner*in

1 Muslim*a

0 Afroamerikaner*in (USA)

Sensitivity reading: *fail!* Rassistisch beleidigte Minderheiten, u. a. schwule Stalinist*innen, jüdische Nationalsozialist*innen, schwarze Maoist*innen.

DER SOZIALIST

ORGAN DES SOZIALISTISCHEN BUNDES

| 6. JAHRGANG | BERLIN, DEN 20. OKTOBER 1914 | NUMMER 17 |

Zum Gedächtnis

Trostlich ist es, in diesen Zeiten zu sehen, wie die Menschen sich nach plötzlicher tiefer Erschütterung, nach blitzartiger Erleuchtung, nach völliger Umkrempelung all ihres Wesens wenigstens sehnen, – wenn es auch nicht so ganz sicher ist, ob sie alle, die es sich jetzt einbilden, wirklich durchschüttert sind und eine Umwandlung von Grund auf wahrhaft erlebt haben. [...]

Aus der römischen Republik

BRIEFE MARGARET FULLERS

VIII.

(An die »New York Tribune«)

Rom, am Abend des 20. Februar 1849. [...]

Vgl. △ S. 110-111 △

Gescannt vom Original. Auf mich gekommen aus dem Nachlass von Heinz-Joachim HEYDORN (1916-1974), konservativer Pädagoge, Marxist, sowie Sympathisant des LANDAUER'schen Anarchismus, *via* Andreas GRUSCHKA. *Der Sozialist* gab LANDAUER von 1909 bis 1915 heraus als Organ des 1908 gegründeten »Sozialistischen Bundes«. Zu den Mitgliedern zählten Erich MÜHSAM, Margarethe FAAS-HARDEGGER und Martin BUBER.

Der selbstständige Einzelne, dem keiner in das hineinspricht, was seine Sache allein ist; die Hausgemeinschaft der Familie, der Heim und Hof ihre Welt sind; die Ortsgemeinschaft, die autonom ist; das Amt oder der Gemeindeverband und so immer mehr ins Breite mit einer immer kleineren Zahl Aufgaben die umfassenderen Verbände – so sieht eine Gesellschaft aus, das allein ist der Sozialismus, für den zu wirken sich lohnt, der uns aus unserer Not retten kann. Gustav Landauer

Foto: G Freihalter, CC Attribution-Share Alike 3.0 (*via* Wikipedia)

Grab von Gustav LANDAUER & Kurt EISNER auf dem Neuen Israelitischen Friedhof in München. 1925 setzten Freunde einen Obelisken als Denkmal. Nach der Machtübergabe an die Nationalsozialisten 1933 beschlossen diese die Zerstörung. Bei dem heutigen Gedenkstein, 1946 auf die Initiative von LANDAUERS Tochter Gudula errichtet, handelt es sich um ein Bruchstück aus dem zerstörten Obelisken.

Schriftenreihe Berliner Gestalt-Salon

Gabriele Blankertz
Kontakt gestalten: Wege zur Heilung
124 Seiten · [D] 12,80 € · edition g. 401
ISBN 978-3-7347-8805-5

Stefan Blankertz
Die Geburt der Gestalttherapie
aus der *Psychoanalyse Sigmund Freuds*
122 Seiten · [D] 12,80 € · edition g. 402
ISBN 978-3-7392-4835-6

Stefan Blankertz
Kurt Lewins Kritik der Ganzheit
130 Seiten · mit 3 Farbgrafiken · [D] 13,80 €
edition g. 403 · ISBN 978-3-7431-6650-9

Stefan Blankertz & Cornelia Muth
Husserls Intuition und Levinas' Beitrag
124 Seiten · [D] 12,80 € · edition g. 404
ISBN 978-3-7528-6992-7

Lothar Gutjahr
Leiblose Gestalten
Ein Phänomenologie-Krimi
208 Seiten · [D] 14,80 € · edition g. 405
ISBN 978-3-7448-6980-5

Peter Philippson
Selbstwerdung
284 Seiten · [D] 19,80 € · edition g. 406
ISBN 978-3-7528-6989-7

www.berliner-gestaltsalon.de
editiongpunkt.de